Alexandra Meixner

Ätsch. Erster!

Alexandra Meixner

Ätsch.
Erster!

Sex ist ernst genug,
um darüber zu lachen

Galila Verlag

Copyright © Galila Verlag, Etsdorf am Kamp, 2013
Alle Rechte vorbehalten
Druck und Bindung: Druckerei Theiss GmbH, 9431 St. Stefan
Umschlaggestaltung: sempersmile, unter Verwendung eines Motivs von
© Shutterstock
Lektorat: Irmgard Dober
Satz: www.buchsatz.com
Printed in Austria
ISBN: 978-3-902533-4-70

Inhalt

ANSTATT EINES VORWORTS

(M)Ein steiniger Weg in die unendlichen Weiten einer strahlenden Sexualität

Natürlich könnte ich Ihnen meine eigene Lebensgeschichte erzählen, da ich nun in einem Alter bin, wo sich einiges an Jahren und Erfahrung angesammelt hat. Ich könnte Ihnen aber auch von den sexuellen Erlebnissen, von Freuden und Leiden meiner Klienten, Klientinnen, Freunde, Freundinnen und Bekannten berichten, Geschichten dazu wüsste ich genug, da ich mit dem Thema Sexualität tagtäglich konfrontiert bin, sowohl in meinem beruflichen Alltag als Gynäkologin als auch in der Sexualberatung. Ich könnte auch beides, mein eigenes Leben und das der anderen, so miteinander verweben und undurchsichtig verpacken, dass niemand mehr weiß: Sind die Geschichten wahr oder nur erfunden?

Aber ist das überhaupt relevant, wessen sexueller Werdegang beschrieben wird? Nein, es geht hier nicht um Namen, ich habe dieses Buch nicht geschrieben, um jemanden zu entblößen. Mir geht es einfach darum, aufzuzeigen, dass hinter einer unglücklichen Sexualität allzu oft wiederkehrende Verhaltensmuster stecken. Viele Menschen haben an die Partnerschaft und Sexualität eine Erwartungshaltung, mit der man nur Schiffbruch erleiden kann. Irgendwann landen Betroffene in meiner Beratungsstunde und erzählen mir, meist zutiefst unglücklich, dass es „mit dem Sex einfach nicht klappt".

Es ist schon eine Ironie unserer Zeit, dass wir von den Medien mit Sex und nackten Tatsachen bombardiert werden, zugleich ist das Wissen über Sexualität, abseits von Klischees und Mythen, bei vielen Menschen sehr gering. In meinem Beruf bin ich tagtäglich mit Fragen konfrontiert wie: „Wie geht das wirklich mit dem Sex?" Nein, damit ist nicht der mechanische Ablauf gemeint: *Beine auseinander – Johannes rein – raus – rein – raus – ächz – stöhn … ätsch, Erster! – Idiot!* Dahinter steckt vielmehr die Frage, warum Sexualität in vielen Partnerschaften im Laufe der Jahre zu so einem Problem wird.

Die Antwort darauf ist nicht kurz, sagen wir einmal rund 200 Buchseiten. Aber wie erwähnt, meist stecken hinter den Problemen wiederkehrende Verhaltensmuster, sodass man wenigstens einige, hoffentlich hilfreiche Antworten geben kann.

Ich bezeichne die Beratungsgespräche mit meinen KlientInnen gerne als gemeinsame Reise.

Mein Job ist Reiseführerin. Ich stelle mein Knowhow zur Verfügung, erzähle Interessantes zu Geschichte, Architektur, Landschaft und Menschen, und am Ende der gemeinsamen Tour, wenn sich unsere Wege wieder trennen, hoffe ich, dass sich die Reise für meine Klientinnen und Klienten gelohnt hat.

Genauso möchte ich es mit dem Buch halten: Die Landschaft ist die Sexualität, die Architektur die Anatomie unserer Sexualorgane; zwischendurch werden Sie immer wieder Interessantes über die Geschichte der Sexualität hören, im Sinne einer Vergangenheitsbewältigung, und auch von Menschen möchte ich erzählen, denen ich übrigens unsagbar dankbar bin, dass ich hier ihre intimen Erfahrungen wiedergeben darf. Wie es sich für eine anständige Reiseführerin gehört, möchte ich mich zu Beginn unserer gemeinsamen Tour vorstellen und Ihnen ein wenig aus meinem eigenen Leben erzählen.

Der erste Teil meiner „Reise" nannte sich kindliche Sexualität und begann, wie bei so vielen anderen auch, mit Situationen, die Erwachsene oft peinlich berühren und zu allen möglichen und unmöglichen Ausrufen verführen: „Schwester! Was macht denn dein Kind da für ekelige Verrenkungen?"

Dieses Originalzitat entsprang dem vor Grausen verzogenen Mund meiner Tante Trude, die ich an und für sich als beeindruckend langweilig empfand, deren Fünfschilling-Münzen – damals der Gegenwert für eine lila 100-Gramm-Tafel Schokolade – mich jedoch bei jedem Besuch wieder davon überzeugten, dass ihr Herz für Menschen im Pflichtschulalter trotz eigener Kinderlosigkeit am richtigen Fleck saß. Eine Situation, die ihr einen solchen Entsetzensschrei entlocken konnte, war das für mich freilich harmlose „Umadumhowan"[1] (im Waldviertel für „unruhig sitzen" gebraucht) auf Sessellehnen oder im Schneidersitz auf den eigenen Fersen. Mein Unverständnis für Tante Trudes Unverständnis, zumal ich bis heute nichts Ungehöriges an dem Verhalten erkennen kann, änderte nichts an ihrer Spendierfreudigkeit und somit auch nicht an meinem Umadumhowan.

Meine Reise führte weiter zu den sogenannten Doktorspielen, bei denen ich entdeckte, dass nicht nur Erwachsene belustigend unterschiedlich aussehen, sondern dass auch zwischen dem Nachbarsjungen und einer selbst erstaunliche Unterschiede existieren; und weil wir dadurch im Entstehen begriffene Ähnlichkeiten mit unseren Eltern hatten,

---

1 Siehe auch das Wörterbuch „Waldviertlerisch – Hochdeutsch" am Ende des Buches.

beschlossen wir, in absehbarer Zeit zu heiraten. Denn das konnte nicht sein, dass man mittlerweile in die Geheimnisse der Sexualität eingeweiht war, indem man nun in 99 Prozent der Fälle die Verschiedenartigkeit der Geschlechter, und somit Mädchen und Jungen, auseinanderhalten konnte, und noch immer ledig war! In der Gewissheit, nun fix vergeben zu sein, ruhten die Überraschungen des sexuellen Weges eine Zeit lang.

Im besten Fall, und so war es auch in meinem, kommt man ohne Umwege zu dem Teil der Reise, den man in einem hormonell betriebenen Vehikel zurücklegt und der für die Betroffene eigentlich ein „Kinderspiel" wäre – gäbe es da nicht die *anderen*, das heißt Menschen im fortgeschrittenen Alter von 20 und darüber, die sich immer behaupten müssen, die mit ihrer Unwissenheit, das junge Leben betreffend, glänzen und diesem etwas aufzuzwingen versuchen, was das junge Leben gar nicht braucht. In diesem „Pubertät" genannten Abschnitt wird ein Hauptaugenmerk darauf gelegt, sich selbst in seiner Wirkung auf das andere Geschlecht kennen zu lernen – selbstverständlich noch immer das Eheabkommen mit dem plötzlich drei Oktaven tiefer sprechenden Nachbars-Adonis im Kopf. So weit verlief meine Reise ganz normal.

Bis das Unheil eintrat! Wie in der Gesellschaft üblich, werden Gefahren nachts vermutet und fremden Männern zugeschrieben. Und wie so häufig – so auch bei mir – kam das Unglück in Form sexueller Übergriffe durch einen Bekannten über mich, einen Partner einer meiner Schwestern. Ich wurde von einem mächtigen Felsbrocken zu Boden geschleudert! Die Reise schien für immer beendet, bevor sie noch wirklich begonnen hatte. Doch manchmal, wie durch ein Wunder, gibt es Kräfte, die eine

in einem unbändigen Verlangen nach Leben wieder auf-
stehen lassen.

Geschwächt ging die Erkundungstour weiter. Mein
erster Liebhaber half mir auf die Beine, die anfänglichen
sexuellen Schritte waren vorsichtig und beschwerlich,
doch schienen sie die Mühen wert. Das hormonell betrie-
bene Vehikel der Pubertät inzwischen hinter mich lassend
durchwanderte ich neue Landschaften mit unbekannter
Vegetation: Es begann die Epoche des Gänseblümchensex –
die gegenseitige Erkundung der Weiten des Körpers,
meist noch in schützender Dunkelheit und in besagter,
einst in manchen Bundesstaaten der USA einzig erlaubten Stellung zum Zwecke der Fortpflanzung. Jung, erfah-
rungshungrig und experimentierfreudig beschritt ich mit
meinem Freund Nebenstraßen und abgelegene Wander-
pfade, um auf dem unsicheren Boden neuer Stellungen zu
wandeln. Doch nach fünf Jahren gemeinsamen Marschie-
rens tauchten Zweifel in mir auf, ob das alles gewesen sein
konnte – den Mitreisenden nach nur wenigen Minuten in
einem postkoitalen, der Totenstarre ähnelnden Zustand
zu beobachten? Wie gerne hätte ich bloß gemeinsam
orgastische Gipfel erklommen! Doch allein der ausgesprochene Wunsch führte zu einer massiven Kränkung meines damaligen Partners, der sich fortan nicht vorstellen
konnte, mit einer orgasmusunfähigen und frigiden Frau
sein Leben zu verbringen.

Hiermit trennte sich unsere Reiseroute an der nächsten
Weggabelung. Mein Pfad wurde nun so schmal, dass ich
nur alleine darauf wandeln konnte, und doch gelangte ich
hier von einem Höhepunkt zum nächsten. In dieser Zeit
erkannte ich, dass es sich lohnt – trotz gelebter, glücklicher
Partnerschaft – gelegentlich alleine auf einen Gipfel zu stei-

gen und den wunderbaren Ausblick auf die Landschaft der Sexualität mit sich selbst zu genießen.

Da die verliehene Auszeichnung der Frigidität meinem Ego im Laufe der Jahre doch zusetzte, beschloss ich, jemanden zu suchen, der mir meine Frigidität erklären konnte. Durch eine glückliche Fügung des Schicksals traf ich auf eine Gesprächstherapeutin, die es verstand, mein durch den Felsbrocken und den gekränkten früheren Partner beschädigtes Selbstbewusstsein restaurieren zu helfen. Das Prädikat „frigid" wurde gleich in der ersten Stunde entsorgt, als mich die Therapeutin fragte: „Wenn ich Sie richtig verstanden habe, hatten Sie keinen Orgasmus mit Ihrem Freund?"

Kopfnicken meinerseits. Kurze Stille.

„Befriedigen Sie sich selbst?"

Ich schaute meine Therapeutin mit großen Augen an und dachte nur, während ich die Schamesröte in meinem Gesicht aufsteigen spürte: *Oh Gott, mach bitte, dass mich der Boden jetzt und gleich und hier und sofort verschluckt!* Als ich fühlte, dass der Boden unter mir geschlossen blieb und meine Augen auf Tellergröße geweitet waren, senkte ich den Blick und nickte kaum merkbar. Schonungslos ging es weiter: „Haben Sie denn einen Orgasmus, wenn Sie sich selbst befriedigen?"

Mit aller Verzweiflung versuchte ich, mit meinem Blick die Ritzen des Parkettbodens so zu weiten, dass ich mich darin verkriechen könnte … doch der Kopf machte sich plötzlich selbstständig … er begann, ungewollt, sich leicht zu heben und zu senken. Als ich es wagte, nach oben zu schielen, traf mich der Blick meiner Therapeutin. Ich sah ihr Grinsen und wäre am liebsten aufgesprungen und bei der Tür hinausgerannt. Glücklicherweise tat ich das nicht, denn so fiel mir auf, dass es kein Grinsen, sondern ein wohlwollendes Lächeln war, das nun ihre Worte begleitete: „Sehen Sie, dann sind Sie ja nicht frigid."

Am liebsten hätte ich diese Therapiestunde tanzend verlassen und schon auf dem Weg zur U-Bahn allen zugerufen: „Ich bin nicht frigid!" Doch bei näherer Betrachtung der glücklichen Situation gelangte ich zur Überzeugung, dass es die meisten Leute eher kalt – so quasi auf anderer Ebene *frigid* – gelassen hätte, dieses Wissen mit mir teilen zu müssen.

Während der folgenden Jahre traf ich immer wieder auf Männer, mit denen mir zwar ein gemeinsames Beschreiten des sexuellen Weges erstrebenswert schien, die jedoch andere Wanderstrecken bevorzugten und daher mit zweifelhaften Komplimenten wie beispielsweise „Dein Körper gleicht einem Sexcaterpillar, aber dein Gesicht wäre noch ausbaufähig" wieder abbogen. Gelegentlich weigerte ich mich selbst, an einer Fahrgemeinschaft teilzunehmen. Beispielsweise als mich der Exfreund einer meiner Schwestern im tiefsten Waldviertler Dialekt zu einem Ausflug einladen wollte: „Du Xandl, ich bin draufgekommen, du bist gar nicht so schiach, wie ich mir immer gedacht habe ... magst nicht mit mir gehen?" Meine Erwiderung, er sei anscheinend wirklich so seltsam, wie ich ihn in der Beziehung zu meiner Schwester immer erlebt hatte, beendete seine erotischen Anwandlungen abrupt.

Ich war jetzt fast ein Twen, zumindest redete ich mir das mit meinen 18 Jahren ein, und es war Zeit, den nächsten Wegabschnitt, ein Studium, in Angriff zu nehmen. Mit dessen Ende und dem Gehalt der ersten Arbeitsmonate auf dem Konto schuf ich mir mein eigenes kleines Reich nach meinen Vorstellungen. Diese endgültige Abnabelung von meinen Eltern versüßte mir ein höchst zärtlicher Mann, der mir jeden Tag Schokoladekekse in meinen neuen, eigenen Haushalt mitbrachte. Er war gebildet und eloquent, ein überaus interessanter Mensch, der auch seine Kenntnisse in der Gemüseabteilung einzusetzen wusste, was aus seiner Abneigung den Gänseblümchen gegenüber resultierte. Mit ihm wurde mir zum ersten Mal bewusst, dass es möglich ist, kurze Strecken nicht nur auf dem Boden, sondern auch in den Lüften zurückzulegen.

Der ihm folgende Wegbegleiter lehrte mich, ganz nach dem Motto von Mercedes und entgegen der Ansicht der meisten Männer, dass nicht das Ziel das Ziel sein kann, sondern der Weg das Ziel ist. Mit ihm pflegte ich auf sexuellen Rastplätzen Pirouetten zu schlagen. Entsprechend war mein Markenzeichen dieser Zeit ein hochroter Kopf, der wie eine Ferkellampe strahlte. Retrospektiv betrachtet war die Farbe wohl eher Schamesröte als eine Folge der Anstrengung.

Doch immer wieder holte mich meine Vergangenheit ein. Tief in meiner noch jungen Seele steckte die von dem Felsbrocken verursachte Verletzung. Ich wollte damit umgehen lernen und mich nicht von falscher Scham und vermeintlich verbotenen Wegen im Leben einengen lassen. Daher suchte ich wie eine Marathonläuferin, die von ihrem Coach Zuspruch und Unterstützung erhält, immer wieder die Hilfe von Therapeuten und Therapeutinnen, die mich lehrten mit meinen Gefühlen umzugehen, die mir vermittelten Frau sein zu dürfen!

Die in einer Therapie absolvierten Reiseabschnitte waren zwar nicht kostengünstig, aber lohnenswert. Sie führten schließlich dazu, dass ich meine ursprünglichen Berufswünsche – Mechanikerin oder Fernfahrerin – endgültig aufgab und beschloss, Gynäkologin und Sexualtherapeutin zu werden.

Seither sind fast zwei Jahrzehnte vergangen und ich habe viele weitere Reisen gemacht und Erfahrungen gesammelt. Vor einiger Zeit wurde ich von einer Vereinsobfrau, die ich auf ihrer „Reise" als Coach begleitete, gefragt, ob ich mein Wissen auch in einem öffentlichen Vortrag erzählen würde. Glücklicherweise bereitet mir das Erzählen solche Freude, dass sich das offenbar auf das Publikum überträgt. Irgendwann begannen Medien, meine Vorträge über „Sexmythen" als Kabarettprogramm anzukündigen. Seither fühle ich mich geehrt, sozusagen geadelte Kabarettistin sein zu dürfen!

Ich möchte Sie aber warnen: Das hier ist kein Klamaukbuch, über dessen Inhalt Sie sich vor Lachen krümmen werden. Ich wollte ein Sachbuch schreiben, das interessant und amüsant zu lesen ist und das Sie, wie einen handlichen Reiseführer, auf Ihre nächste eigene Expedition mitnehmen können. Ich hoffe, das ist mir gelungen.

I.

DER SEXUELLE REAKTIONSZYKLUS

Einen Großteil meiner Ausbildung zur Fachärztin für Frauenheilkunde verbrachte ich in der gynäkologischen Ambulanz eines kleinen Stadtspitals. Während meiner täglichen Arbeit begegneten mir immer wieder Fragen zu sexuellen Reaktionen des Körpers, die mir sowohl von bekümmerten und leider auch oft beschämten Frauen, aber auch von deren interessierten und bemühten Männern gestellt wurden.

Einmal besuchte mich in der Ambulanz ein etwa 45-jähriger Versicherungsmakler, um meine laufenden Polizzen zu prüfen, und es ergab sich durch Zufall, dass wir auf das Thema Sexualität zu sprechen kamen. Der sportlich gekleidete Mann war um das Wohlergehen seiner Angetrauten besorgt und fragte mich, ob es denn normal sei, dass seine Frau keinen Orgasmus beim „normalen" Geschlechtsverkehr habe? Er fügte an, dass sie sich beide nichts sehnlicher wünschten, als den von allen so hoch gelobten gemeinsamen, alle Glocken erschallen lassenden Orgasmus, den sie bis dahin noch krampfhaft zu evozieren versuchten.

„Ja, das ist normal", antwortete ich und erklärte weiter, dass nur ganz wenige Frauen beim „normalen" Geschlechtsverkehr zum Orgasmus kämen. Je nach Studie benötigen zwischen 80 und 97 Prozent der Frauen eine zusätzliche manuelle oder orale Stimulation erogener Zonen wie zum Beispiel des Kitzlers.

In diesem Zusammenhang bin ich beim Durchforsten verschiedener Studien auf etwas Interessantes gestoßen, was mir davor nicht geläufig war: Wussten Sie, dass Sigmund Freud behauptete, klitorale Orgasmen – also jene, die durch nicht-koitale Handlungen ausgelöst werden – seien ein Beweis für psychische Unreife? Sein Argument: Der Kitzler stünde im Zentrum der frühkindlichen weiblichen Sexualität, wohingegen der vaginale Orgasmus der authentische und ein Zeichen der sexuellen Reife sei. Unzählige Frauen wurden aufgrund dieser Ansicht für Neurotikerinnen gehalten und zu einer Psychoanalyse gedrängt. So gesehen muss ich gestehen, dass es mich nicht stört, zu den Neurotikerinnen zu zählen.

Ein anderes Mal freute ich mich über das Vertrauen einer 75-jährigen, sehr aufgeschlossenen Patientin, die mitten im Februar braungebrannt zu einer gynäkologischen Routinevorsorgeuntersuchung kam. Sie erzählte, dass sie erst am Vortag von Teneriffa heimgekommen sei, wo sie mit ihrem Mann den trüben und kalten Winter des Mühlviertels überbrückte. Nachdem wir ein bisschen Smalltalk geführt hatten und meine Sehnsucht nach Sonne, Sand und salziger Meeresluft gestillt war, bemerkte ich in einer mehrere Sekunden dauernden Gesprächspause, dass ihr etwas am Herzen lag. Ich ermunterte sie, einfach drauflos zu fragen, als sie nun plötzlich herumdruckste und ihr bisheriger Redefluss ins Stocken geriet.

Sie stotterte: „Wissen Sie, wenn ich meinem Mann nicht versprochen hätte, Ihnen heute diese Frage zu stellen, dann würde ich das sicherlich nicht tun." Dann folgte eine lange, herumschlingernde Einleitung, wie peinlich es ihr sei und dass sie schon so lange im Internet recherchiert, aber keine Antwort auf die Frage gefunden habe, die sie sich bzw. eigentlich ihr Mann ihr schon so lange stellte usw. Ich ermunterte sie, einfach die Frage zu stellen.

Plötzlich brach es aus ihr heraus, dass sie die Befürchtung habe bzw. in Erwägung ziehe, dass sie an irgendeiner Krankheit leide, weil ihre Brustwarzen beim Sex nicht in Dauererregung stehen würden. Ihr Mann sei überzeugt, dass bei ihr etwas nicht stimme, weil er das in noch keinem Pornofilm so gesehen habe.

Ich verstand nur zu gut, was diese lebenslustige Frau verunsicherte, und nickte. „Er glaubt jedenfalls, dass ich beim Sex zu wenig erregt bin", fuhr sie fort. Ich war in der glücklichen Lage, jegliche Befürchtung in Hinblick auf eine Erkrankung oder Abnormität zerschlagen zu können. Das sei normal, begann ich, vorausgesetzt, es hätte nicht nur 15 Grad im Schlafzimmer.

Meiner Gesprächspartnerin entkam ein erleichtertes Lachen: „Wie meinen Sie das?" Ich erklärte, dass männliche und weibliche Brustwarzen ursprünglich aus derselben fetalen Gewebsanlage entstünden und sich erst durch den Einfluss von Hormonen in den ersten Schwangerschaftswochen differenzierten. Der ursprüngliche gemeinsame Hintergrund bewirke, dass die Brustwarzen von Frauen und Männern in vielen Situationen gleich reagierten. So würden Brustwarzen – und hier insbesondere die sogenannten Flachwarzen – fast nur bei direkter Stimulation eine Aufrichtung erfahren, ebenso bei Kälte oder bei plötzlicher starker Hitze wie zum Beispiel bei einem Saunaaufguss. Sobald die äußeren Reize wegfielen, würde der Körper diese Erektion beenden.

Diese Erklärung veranlasste meine Patientin zu einem das ganze Gesicht einnehmenden Grinsen. Sie deutete meinen fragenden Blick richtig und erklärte mir den Grund ihrer Heiterkeit. Sie habe eben den Entschluss gefasst, dass sie die Brustwarzen ihres Mannes beim nächsten Geschlechtsverkehr beobachten werde. Sollte zwar sein Penis eine imponierende Erektion haben, nicht jedoch seine Brustwarzen, dann würde sie zu ihm sagen: „Schau, du bist ja überhaupt nicht erregt!"

Derartige Erlebnisse machten mir deutlich, dass ein Großteil dessen, was wir über Sex wissen, aus den Medien stammt, vor allem aus Film und Fernsehen, nur zu oft sind es die Bilder der Werbung, die uns Phantasiewelten vorgaukeln.

Zu häufig begegnet uns das Bild einer Phantasiewelt im täglichen Leben, beim Smalltalk, am Arbeitsplatz, in Filmen oder auch auf Plakatwänden. Ich weiß nicht, ob es Ihnen auch schon einmal so gegangen ist wie mir, dass Sie sich wundern, warum Männer mit stählernem Körper, minimal angegrauten Schläfen und einem geschätzten Höchstalter von 37 Jahren für Zahnhaftcremen werben? In Anbetracht der Augenweide vergesse ich jedes Mal wieder, dieser Frage auf den Grund zu gehen.

Wie sind wir Frauen und Männer denn beim Sex in diesen Phantasiewelten? Und wie läuft da der Sex ab?

Wer von uns kennt sie nicht, die Männer aus dem Hardcoreland: Zwei Meter groß, braun gebrannt, die Haut glänzend wie frisch mit einer Speckschwarte eingerieben. Ein Gang wie John Wayne, bedächtig schreitend jeden Muskel am Körper spielen lassend. Jeden Muskel? Nein, nur 26

Gesichtsmuskeln leisten Widerstand und entziehen sich jeglicher Kontraktion, um den ernsten, hinreißend aufreißenden Blick des Adonis aufrechtzuerhalten. Das ist jener, die Blicke aller Frauen – und neidischen Männer – auf sich ziehende Mann wie aus der Coca-Cola-*light*-Werbung, der jeder noch so frigiden Frau die orgastische Wunderwelt eröffnet. Wie denn das, werden Sie jetzt lechzend fragen? Natürlich mit seiner „Lanze", seinem „Schwert" oder – in weniger mythologischen oder eleganten Szenen – einfach mit seinem „Rohr". Die Rede ist in dieser Sexwelt von einem Penis, der die ganze Nacht nicht müde wird, keine Erholungsphasen braucht, auch wenn er zehnmal zur Pflicht gerufen wird, und der selbst in der ihm zustehenden Ruhephase unaufhörlich pocht und pulsiert oder gar hervorspringt.

Wer ist aber die Auserkorene? Keine Mindere als das distanzierte im Abseits stehende Mauerblümchen mit dicker Hornbrille, glatt nach hinten gestriegelten, hochgesteckten Haaren und hochgeschlossener Rüschenbluse. (Ob man wohl bemerkt, dass meine Phantasie ihre Wurzeln in pornografischen Filmen der 1980er-Jahre hat?) Ihr Mund sagt zu unserem Adonis „Lass das", ihr Blick sagt „Nimm mich!". Als Erstes fällt die Hornbrille noch ganz pathetisch, ebenso die Haarnadel; danach hat es Mister Sex meist eilig. Der Rock wird nach oben geschoben, die Bluse zerfetzt und es enthüllt sich ein weiblicher Körper, der keinen Makel hat. Eine seidig glatte Haut, für die jeder Bodylotion-Produzent gerne verantwortlich wäre, tritt genauso zutage wie die hautüberspannten Silikonpolster auf den Rippen in handlicher Liebkosungsform. Man(n) geht im wahrsten Sinne des Wortes *in medias res* und erweckt die animalischsten Seiten der Frau, die ihr langes Haar um sich wirft, laut stöhnend und kreischend, den Kopf bis knapp zu einem Schütteltrauma hin und her werfend. Und dann endlich: Ein Beben erfasst ihren Körper, tritt auf den gesamten Erdball über und lässt die Türen knallen, die Fensterscheiben zerbersten und alle Kirchturmglocken erschallen. Erst jetzt wird sich der Mann seiner nicht genutzten 26 Gesichtsmuskeln bewusst, wendet die Augen von der Frau ab, um mit einem erleichterten „Jaaaaaa"-Seufzer und selbstgefälliger Zufriedenheit auf die Frau niederzusinken. Man beachte die beträchtliche Menge an Ejakulat, die dabei verschüttet wird und in mir immer wieder die Frage aufwirft, wo diese denn im männlichen Körper gespeichert wird. Angemerkt sei noch, dass die Kameraeinstellung in dieser Position lange drei Werbesekunden verharrt, bis das gesamte Szenario neu durchgespielt wird. Solche oder ähnliche Filmszenen kennen wir wohl alle.

Sie treffen nicht nur das Innerste unserer Gefühlswelten, sie führen auch bei manchen von uns dazu, dass wir uns – reflexartig – schämen oder gar unzulänglich fühlen.

Häufig fragen sich Frauen, angeregt durch die perfekt wirkende sexuelle Phantasiewelt: Was denken andere über meine unter Isolationsmaterial gut verborgenen weiblichen Rundungen? Über meine Betonstampfer, deren Unterschenkel krampfhaft von mäandrierenden Venen versorgt werden? Und was denkt mein Partner, wenn ich aufgrund meiner Wirbelsäulenbeschwerden und meines steifen Nackens mich nicht wie wild im Rhythmus der Stöße winde und wenn kein Laut über meine Lippen kommt, weil die Schwiegereltern im Nebentrakt ihr Betthaupt an derselben Wand haben wie wir? Abgesehen davon, wie lasse ich die Haare in unbändiger Lust mein Gesicht bedecken, wenn ich doch eine Kurzhaarfrisur habe? Sollte ich nicht an meine ersparten Reserven gehen, um mir Cellulitiswickel zu gönnen? Und was, wenn ich meiner Gynäkologin einredete, dass mich meine Schamlippen beim Radfahren schmerzen, weil ich das Gefühl habe, dass diese in den vergangenen 40 Jahren zu regelrechten Schamlappen mutiert sind? Und es lässt Zweifel an der Sehkraft meiner Gynäkologin erwachen, wenn sie behauptet, mein Genitale entspreche der Norm. Sie faselt dann immer von einer schönheitschirurgisch veränderten Vagina bei Porno-Darstellerinnen. Fragen über Fragen, die mich an meinem Lustempfinden und meiner Orgasmusfähigkeit zweifeln lassen.

Und wie wirken sich diese fiesen Sexszenen, mit denen wir immer wieder konfrontiert sind, auf das Ego der Männer aus? In meiner Praxis als Sexualberaterin werde ich tagein, tagaus mit solch heimlichen Ängsten konfrontiert.

Was, wenn mein Penis nicht so einem unaufhörlich pulsierendem Ungetüm entspricht? Wie kann ich als Mann wissen, dass ich ein guter Liebhaber bin, wenn meine Frau keinen Orgasmus hat? Und in Situationen, in denen die Standfestigkeit meines strammen Hans nicht auf Dauermodus geschaltet ist – warum ist es gerade da unmöglich, sie zum Orgasmus zu bringen? Wenn der eigene Orgasmus unmöglich erscheint oder schon nach ein paar Sekunden der rhythmischen Bewegungen erfolgt, meine Frau aber noch nicht bebt, wer sagt mir dann, wann ich aufhören kann? Ich kann sie doch nicht fragen, ob es schon reicht und ob es ihr so geht wie mir, dass einfach die körperliche Nähe und unsere Intimität schön und erfüllend waren und nicht mit einem hochoffiziellen Zeichen eines Höhepunktes beendet werden muss. In einem Porno wäre es doch auch undenkbar, nach dem Zeichen eines möglichen Endes zu fragen. Ist es ihr Ernst, dass sie keinen

Orgasmus möchte, oder sagt sie nur mir zuliebe „Es reicht", doch morgen bin ich wieder Gesprächsthema beim Kaffee- tratsch mit ihren Freundinnen? Dann wüssten alle, dass ich der einzige Mann auf diesem Planeten bin, der unfähig ist, seine Frau zum Orgasmus zu bringen.

Dies alles sollen keine Argumente gegen filmreifen Sex sein. Es soll nur ins Bewusstsein rufen, dass Sex auch in anderen als im Film dargeboten Daseinsformen seine Berechtigung hat und erfüllend sein kann.

Und wie schaut die Realität aus?

Ein kleiner Streifzug durch die unendlichen Facetten der Realität

Neulich in (m)einem Schlafzimmer. Neben mir der eins- tige Cola-*light*-Mann. Ich liebe seine unwiderstehliche Art, mir ausnahmslos jeden Wunsch von den Augen abzule- sen. Er scheut keine Mühen, mich glücklich zu machen. Da geht es nicht nur um die Erfüllung aktueller Wünsche, sondern auch um Langzeitprojekte. So hatte ich ihn frü- her in scherzendem Tonfall immer wieder mal angefleht: „Mausezahndi, ich brauch mehr von dir!" Und schon hat er daran gearbeitet, mir diesen Wunsch zu erfüllen, und sei- nen Waschbrettbauch im Laufe der Jahre in einen kuschelig weichen, fülligen Waschbärbauch verwandelt …

Als ich ihm jüngst ins Ohr flüsterte „Mausezahndi, ich brauch Endorphine, jetzt – hier – sofort!", interpretierte er meinen Wunsch aber irgendwie falsch. Er kuschelte sich an mich und begann mit den „sanften" Streicheleinheiten eines Zimmerers, der einen Hobel führt … Während er sich auf die Suche nach meinen erogenen Zonen machte, ärgerte ich mich, nicht deutlicher ausgesprochen zu haben, dass mich alleine mein Kälteempfinden von der sofortigen Befriedigung meines unbändigen Gustos auf Schokolade abgehalten hatte und der Ruf nach Endorphinen kein Verlangen nach Sex, sondern nach einem Botendienst gewesen war. Die Kälte im Schlafzimmer hatte wenigstens das Gute, dass er sich über meine stehenden Brustwarzen freute und dies als Kompliment für seine Künste ansah. Während er so über mein Dekolletee strich – „Hmmmm, das tut gut" –, fiel mir plötzlich ein, dass ich eigentlich noch die rosa Bluse mit dem sexy Ausschnitt hatte bügeln wollen. *Schmarren, das geht sich morgen nicht mehr aus! Was werde ich stattdessen für diese Vorstandssitzung bloß anziehen?*

Wie von weit entfernt vernahm ich die Frage: „Zuckerzahndi, bist du eh noch bei der Sache?" Seine Stimme brachte mich wieder zurück ins Hier und Jetzt: „Mhmmm. *Jaaaa, da tut's gut!* Natürlich bin ich bei der Sache, wo soll ich sonst sein?" Nur nicht dran denken, dass schon wieder Mittwoch ist und ich nicht weiß, wann ich den Kuchen für die Schwiegertiger backen soll, die sich am Wochenende angekündigt haben … „Ohhh, da ist es jetzt …, mhmmm, da ist es jetzt optimal … ohhh ja … na bumm …" Und während sich meine Herz- und Atemfrequenz wieder beruhigte, dachte ich, Schokolade hätte jetzt nicht besser sein können. Noch schnell seine zwei Minuten mitgemacht, und dann schlafen, bevor der Schokohunger wiederkommt.

Solche oder ähnliche Situationen kommen Ihnen nicht bekannt vor? Sie glückliches Wesen!

Allzu oft höre ich in den Sexualberatungen derartige Geschichten in allen möglichen Variationen, die durch verzweifelte Fragen beendet werden: „Warum bitte bin ich so kompliziert? Warum denke ich beim Sex an die unnötigsten Dinge?" Nicht erst ein Mann, der klagte: „Eigentlich möchte ich vor dem Einschlafen nur ihre Nähe spüren und ihr zeigen, wie sehr ich sie liebe. Natürlich geht es dabei auch ein bisschen eigennützig um meine Entspannung, das gebe ich schon zu, aber mit dem ewigen Vorspiel, bis sie endlich kommt, vergeht es mir richtig. Das ist, als ob ich mit dem Auto vor der offenen Garage stehen und vor dem Hineinfahren wie wild hupen würde."

Ich denke, es ist nun Zeit, ein bisschen von William Masters und Virgina Johnson zu erzählen. Ihre sowohl sexualwissenschaftlichen als auch sexualtherapeutischen Ansätze faszinieren mich bis heute. Masters und Johnson gelang in den 1970er-Jahren ein imponierender Tabu- und wissenschaftlicher Durchbruch, indem sie sich von keinem sexuellen Thema abschrecken ließen. In Jahren, als zum Beispiel Homosexualität und Sadomasochismus noch als pathologische Varianten des Sexuallebens bezeichnet wurden, wagten Masters und Johnson es, die Ergebnisse von Untersuchungen nicht wertend, sondern als etwas vollkommen Natürliches zu veröffentlichen. Ich erwähne aber gerade diese beiden SexualwissenschaftlerInnen, da die von ihnen beschriebenen sexuellen Reaktionszyklen von Frauen und Männern mit den einzelnen Phasen sehr anschaulich sind. Und das Positive für uns Menschen im Zentrum Mitteleuropas sehe ich darin, dass die Studien an Amerikanerinnen und Amerikanern durchgeführt wurden und wir uns somit in keiner Weise betroffen fühlen müssen, wenn wir nicht wollen …
Ich möchte Ihnen den genauen wissenschaftlichen Aufbau der Studien von Masters und Johnson ersparen – nur

so viel zum Verständnis: An der Untersuchung teilneh-
mende Frauen und Männer wurden am gesamten Körper
mit Messelektroden versehen und beobachtet, um die physiologischen Reaktionen, die während der sexuellen Erregung auftreten, anschaulich machen und dokumentieren
zu können. Unter anderem wurden Muskelkontraktionen
abgeleitet, die Herz- und Atemfrequenz, der Blutdruck
sowie die Durchblutung der Genitalien gemessen. Die
Ergebnisse wurden dann anhand von Kurven in Diagram-
men dargestellt.

Der sexuelle Reaktionszyklus der Frau

Bei der Frau ist der erste Teil der Kurve – die sogenannte
Erregungsphase – flacher ansteigend als beim Mann. In
dieser Phase werden die Atmung und der Herzschlag
schneller und die Durchblutung der Scheide steigt, was
zu einer Engerstellung des unteren Scheidendrittels und
zu einer vermehrten Produktion von Scheidenflüssigkeit führt. Während der Körper schon sehr deutlich auf
die sexuellen Reize reagiert, sind die Gedanken oft noch
nicht so bei der Sache. Das ist der unerklärliche Teil der
sexuellen Reaktion, der noch sehr labil ist – Gedanken
an Bügeln, Geschenke besorgen für die Geburtstagsfeier der Nachbarin oder an die Gartenarbeit können
den sensorischen Genuss immer wieder drosseln und
die Konzentration auf das eigentliche sexuelle Ereignis
unterminieren. In dieser Phase reagieren Frauen oft bloß
wegen eines kleinen Geschicklichkeitsfehlers des Mannes mit Trainingsabbruch. Diese Erregungsphase kann je
nach Verliebtheitsgrad, sexueller Tagesgrundstimmung,

der sexuellen Gewandtheit des Mannes und allgemeinen Stimmungsfaktoren unterschiedlich lange dauern. Ich möchte Ihnen auch nicht verheimlichen, dass die Erregungsphase bis zu mehrere Stunden dauern kann, rechnet man die Komplimente beinhaltenden, Begehren ausdrückenden und liebevollen SMS, Worte und Gesten dieser Phase dazu. Aber auch bei rein körperlicher Zuwendung sind Erregungsphasen im zweistelligen Minutenbereich keine Seltenheit.

Der ersten Phase folgt die sogenannte Plateauphase. In dieser Phase kann es zu keiner weiteren Steigerung der körperlichen Reaktionen kommen – Herz- und Atemfrequenz können nicht mehr gesteigert werden, ohne einen Notarzteinsatz auszulösen. Die Durchblutung der Scheide läuft auf Maximalbetrieb, dadurch wird nicht nur der Scheideneingang enger gestellt, sondern es wird auch vermehrt Scheidenflüssigkeit produziert – abhängig von Zyklustag und hormoneller Situation –, um den angesagten Geschlechtsverkehr „wie geschmiert" ablaufen zu lassen. Ich erwähne hier die hormonelle Situation insofern, als Frauen oft den Anspruch haben, ausrinnen zu müssen wie ein Bächlein, wenn die Erregung groß erscheint. Dass es jedoch Zeiten im Leben einer Frau gibt – wie die Menopause oder die Stillphase oder auch zu Zeiten großer Anspannung und in Stressphasen – in denen wir uns wie ein trockenes Löschblatt fühlen, sollte uns nicht verzweifeln lassen; der Griff in die Nachttischlade zum Gleitgel schafft Abhilfe.

In dieser Plateauphase ist eine Steigerung der körperlichen Reaktionen nicht mehr möglich und wir sehnen uns manchmal die „Erlösung" herbei, für die es mehrere Varianten gibt. Nicht so angestrebt ist die „Erlösung durch Unterbrechung", wenn plötzlich und unangemeldet die

Stimme des Erbonkels im Vorzimmer „Überraschung"
ruft. Ebenso wenig beliebt ist es, wenn ein Partner mit
den Worten „Ätsch. Erster!" die sexuelle Stimulation
einstellt.

Während das Abbrechen der sexuellen Aktivität in der
Erregungsphase meist an Frauen spurlos vorübergeht, sind
in der Plateauphase solche oder ähnliche Unterbrechungen
der sexuellen Spielereien äußerst unerwünschte Varianten,
die sehr unerfreuliche Auswirkungen auf das Zusammen-
leben in den folgenden Tagen haben können.

Erwünscht ist nämlich die Erlösung aus dieser Plateauphase durch den Übertritt in die sogenannte Orgasmusphase. Hui, das ist die erträumte Situation, in der in der
Phantasiewelt die Glocken erschallen und die Erde bebt.
Dass das auch im realen Leben passieren kann, möchte
ich nicht bestreiten. Sollten Sie jedoch gelegentlich das
Gefühl haben, dass „nur" ein leichtes Erzittern des Körpers
bemerkbar war, erfreuen Sie sich bitte trotzdem daran –
es wurden auch dabei Glückshormone (die sogenannten Endorphine) ausgeschüttet, es war kalorienärmer, als
Schokolade zu essen, und meist auch ein bisschen weniger
anstrengend als joggen. Wie Sie vielleicht wissen, sind auch
diese beiden Aktivitäten, wie Lachen oder andere körperliche Bewegung, Quellen einer Endorphinausschüttung.
Und schließlich haben Sie das Glück gehabt, zu den 56 Prozent der Frauen zu gehören, die sich – laut einer Umfrage
der Zeitschrift *Psychology today* – gelegentlich über einen
Orgasmus freuen dürfen.

Die Orgasmusphase geht nahtlos in die sogenannte
Rückbildungs- oder Erholungsphase über. Als Refraktärphase bezeichnet man jenen Teil der Rückbildungsphase,
in dem die Körperreaktionen so weit zurückgebildet sind,

dass erneut Erregung bis zum Orgasmus aufgebaut werden kann.

Das heißt, Masters und Johnson haben herausgefunden, dass Frauen zwar häufig sehr lange brauchen, um zum Orgasmus zu kommen. Sobald sie aber den Gipfel erklommen haben, können sie aus dieser Refraktärphase heraus leicht weitere Höhepunkte erreichen – man spricht dann von „multiplen Orgasmen".

So weit, so gut. Wie schaut das aber jetzt mit dem männlichen Reaktionszyklus aus?

Der sexuelle Reaktionszyklus des Mannes

Bei den Männern gibt es dieselbe Unterteilung in Erregungs-, Plateau-, Orgasmus- und Rückbildungsphase. Dabei gleichen die einzelnen körperlichen Reaktionen denen der Frauen. In der Erregungsphase steigen Herz- und Atemfrequenz an, der Penis wird mit Blut geflutet, sodass er sich zu seiner vollen Größe aufrichtet. Anders als bei der Frau verläuft beim Mann dieser Teil der Kurve äußerst steil: Die Erregungsphase geht nahtlos und ohne starke Zeitverzögerung in eine eher kurze Plateauphase über, mündet dann in die Orgasmusphase und klingt in der Refraktärphase aus, während der sich der Körper erholt. Diese Erholungsphase kann, vom Alter abhängig, einige Minuten bis Tage dauern. Masters und Johnson beschrieben, dass viele Männer unter 30 Jahren, aber nur relativ wenige über diesem Alter mehrmals hintereinander ejakulieren können. Bei jüngeren Männern dauert die Refraktärperiode innerhalb der Rückbildungsphase also nur kurz.

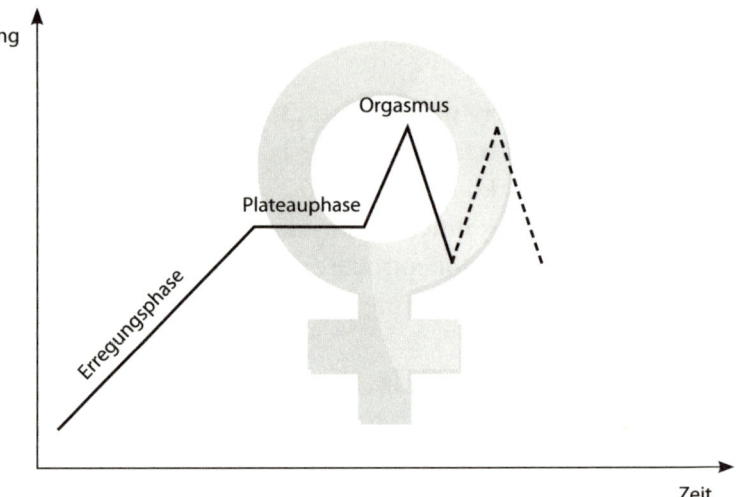

Erregung

Orgasmus

Plateauphase

Erregungsphase

Zeit

Abb.: Der sexuelle Reaktionszyklus der Frau

Nur eine von mehreren Hundert Versuchspersonen konnte dreimal innerhalb von zehn Minuten ejakulieren. In einer Umfrage gaben jedoch drei Prozent der Männer an, dass sie auch ohne Ejakulation einen Orgasmus empfinden können.

Der unterschiedliche Reaktionszyklus von Mann und Frau hat weitreichende Folgen für das gemeinsame Liebesleben. Insgesamt erscheint die Kurve bei Männern kürzer und konzentrierter – ihnen bleibt daher während des Sex nicht viel Zeit für unnötige Gedanken wie Bügeln oder Kuchenbacken (selbst wenn das den Hobbys vieler Männer entspräche). Dieser Unterschied zwischen den Geschlechtern ist eminent! Bei Frauen dauert allein die Erregungsphase oft 20, 30 Minuten oder länger. Männer haben da den Orgasmus, der laut Masters und Johnson im Durchschnitt nach fünf bis acht Minuten eintritt, schon längst hinter sich.

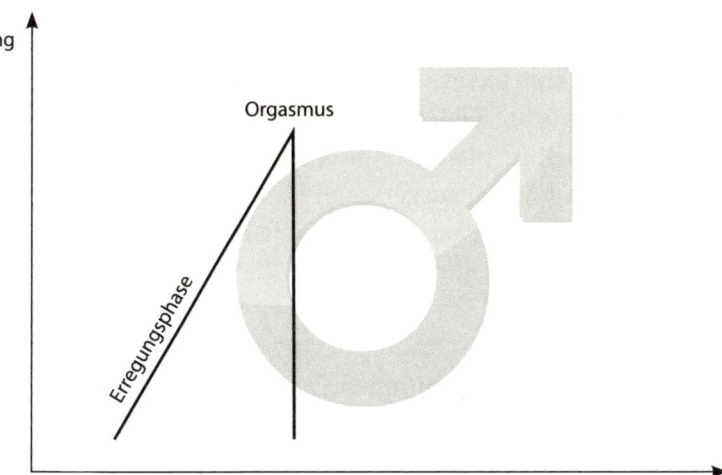

Erregung

Orgasmus

Erregungsphase

Zeit

Abb.: Der sexuelle Reaktionszyklus des Mannes

Und wie bitte passt das jetzt zusammen?

Am Anfang meiner Auseinandersetzung mit dem Thema kam mir der frustrierende Gedanke: *Wir Männer und Frauen passen ja überhaupt nicht zusammen.* Die Abbildungen scheinen das zu belegen. Doch nach eingehender Beschäftigung mit dem Thema kam ich zur Überzeugung, dass wir zusammen passend werden könnten, wollten wir uns bemühen.

Ich möchte nicht hinter dem Berg halten mit der Wahrheit: In meiner Beratungspraxis erlebe ich auch Paare, bei denen die Frau klagt, dass sie einfach nur Geschlechtsverkehr möchte „ohne dieses ewige Gefummel vorher". Und es gibt auch immer wieder Frauen, die innerhalb kürzester Zeit zum Orgasmus kommen. Sozusagen Frauen, die einfach nur den Hauptgang genießen – ohne Vor- und Nachspeise.

Und der Mann kann der Gourmet der Beziehung sein, der sich den Weg zum Genuss „nur wegen eines Hauptgerichts" nicht antun möchte. Glücklich die Paare, deren Gusto tageweise gleichzeitig entweder auf einen Schnellimbiss oder ein Fünf-Gang-Menü ausgerichtet ist.

Wie aber können Paare, unabhängig davon, was gerade am Speiseplan steht, ihre unterschiedlichen Reaktionszyklen koordinieren?

Das Konzept des „gemeinsamen Orgasmus" wurde in den 1950er-Jahren als der wohl höchste Gipfel gemeinsamer sexueller Lustgefühle populär und in damaligen Ehefibeln hymnisch gepriesen. Viele Menschen mühten sich daraufhin ab, ihre Reaktion aufeinander abzustimmen, aber nur zu oft ging dabei die Unbefangenheit verloren, da der sexuelle Kontakt zu einem sportlichen Leistungsereignis wurde.

Obwohl selbst eine Frau, verstand ich anfangs diese komplizierte, zeitverzögerte Reaktionskurve von Frauen überhaupt nicht. Ich konnte mich vom logischen Verständnis her mit der männlichen Kurve viel besser identifizieren. Denken Sie sich bitte einfach Jahrtausende zurück in eine Zeit, in der Sex nicht primär zum Hervorbringen von Lust da war, sondern um Nachkommen in die Welt zu setzen. Die Höhlen waren nicht verschließbar, hinter jedem Busch konnte ein Säbelzahntiger oder Mammut lauern. Um in diesen frühen Jahren die Entstehung eines neuen Menschenlebens zu ermöglichen, musste gewährleistet sein, dass der Mann seine 40 bis 400 Millionen Spermien so schnell wie möglich an die Frau brachte, bevor sich ein wildes Tier in der Höhle über das Futter im Doppelpack freuen konnte. Hätten Männer so ewig lange wie wir Frauen zum Orgasmus gebraucht, wären wahrscheinlich nicht die Mammuts ausgestorben, sondern die Menschheit. Geschwindigkeit hat, so gesehen, also Sinn!

Aber, werden Sie sagen, warum hat es die Natur dann bei Frauen so angelegt, dass Geduld ein nicht unwichtiger Faktor beim Geschlechtsverkehr ist?

Aufbau der Genitalorgane

Um diese Frage beantworten zu können, müssen wir uns zunächst dem Aufbau der Geschlechtsorgane widmen. Vielleicht ist Ihnen schon aufgefallen, dass ich häufig in sachlich-fachlicher Ausdrucksweise vom „Genitale" oder von den „Genitalorganen" schreibe. Ich bevorzuge diese Begriffe gegenüber dem umgangssprachlich üblichen „Geschlecht". Wenn ich das benutze, muss ich jedes Mal tief einatmen und mir selbst gut zureden: „Reiß dich zusammen, Meixnerin, tu's einfach!"

Warum? Ich frage mich immer – wie übrigens auch viele andere Kollegen und Kolleginnen –, was denn so schlecht am *Ge-schlecht* sein soll. Oder warum sollen wir uns ob unserer *Scham-Lippen* und des *Scham-Hügels* schämen? Warum bezeichnen wir diese nicht als Freudelippen oder Glückshügel? Barbara Baldini, eine von mir sehr geschätzte Vorarlberger Sexualtherapeutin und Kabarettistin, bezeichnet das weibliche und männliche Genitale nicht als *Ge-schlecht*, sondern als *Ge-super*. Mir gefiel diese Idee immer sehr gut, da ich jedoch eine große Lokalpatriotin bin, habe ich für mich einen anderen Ausdruck kreiert: In dem Waldviertler Städtchen Schrems gibt es eine Schuhwerkstatt, in der die bekannten „Waldviertler" produziert werden. Diese Firma produziert auch Kinderschuhe mit der Bezeichnung

Geh-guti-gut. Ich dachte mir, dass wir doch statt Geschlecht auch *Ge(h)-gutigut* sagen könnten, weil durch diesen Ausdruck eine positive Assoziation vermittelt wird.

Ich kann mich gut an meine Zeit an einer urologischen Station erinnern, die ich im Rahmen meiner Ausbildung zur Gynäkologin absolvierte. Damals musste ich beim Aufnahmegespräch alle Männer nach ihrer Potenz fragen, was für mich als g'schamige junge Ärztin eine große Herausforderung darstellte. Meist stammelte ich wild gestikulierend am Ende des Gespräches herum: „Äh ja, und was ich Sie noch fragen möchte ... äh muss ... wissen Sie, tja, wie schaut's ...", jetzt in Richtung Hosentürl der Betroffenen zeigend und in eine andere Richtung schauend, „... äh ... denn da unten aus ... Sie wissen schon, was ich meine? Nein? Äh ...", nun mit dem Zeigefinger nach oben deutend, stotterte ich weiter, „tut der da unten noch ... hm ... tja ... oder", ich richtete den Zeigefinger in die Waagrechte, „äh ... oder ...", und senkte dabei den Zeigefinger in Richtung Fußboden.

Die Männer, meist ebenso verlegen stammelnd wie ich, antworteten mit einem „Na ja, meistens sooo ...", dabei richteten sie den Zeigefinger irgendwo zwischen Fußboden und Zimmerdecke aus, um mir die Standfestigkeit ihres besten Stücks zu veranschaulichen.

Ich denke, ich hätte mir damals leichter mit dieser Frage getan, wären die Sexualorgane nicht verbal mit so viel Scham behaftet. Fröhlich und locker hätte ich gefragt: „Und? Gehgutigut geht gutigut?" Auch im eigenen Schlafzimmer ergäbe sich eine sehr lockere Atmosphäre, wenn der eine fragte: „Und geht's gutigut?" Die mögliche Antwort „Gehgutigut geht heut nicht gutigut" wäre sowohl eine Befindlichkeitsauskunft als auch eine diskrete Absage.

34

Mit dieser Vorwarnung, dass Sie gelegentlich auf eine bisher etwas ungewohnte Bezeichnung der einzelnen Regionen stoßen könnten, möchte ich mich nun dem Aufbau der Genitalorgane widmen.

Fast jedes Element der weiblichen Sexualanatomie hat ein Gegenstück dazu beim Mann, das eine ähnliche Entstehungsgeschichte und Funktion hat. Wie Sie wissen, entwickelt sich ein Embryo aus der befruchteten Eizelle. Frauen beherbergen normalerweise in jeder Zelle die Geschlechtschromosomen XX. Bei Männern kommen hingegen ein X und ein Y-Chromosom vor. Schon am Anfang der Vereinigung von Ei- und Samenzelle ist somit genetisch determiniert, ob vierzig Wochen später ein Mädchen oder ein Junge die Welt wertvoller machen wird. Nach zirka fünf Wochen sind alle Körperteile wie Augen, Herz, Extremitäten im Entstehen, auch wenn man im Ultraschall erst ein kleines Pünktchen sieht. Aber in den ersten beiden Monaten sind die Geschlechtsorgane des Embryos so, dass sich weder Penis oder Vagina noch Hoden oder Eierstöcke entwickeln konnten. Wahrscheinlich ist nur ein kleiner Teil auf dem Y-Chromosom – das sogenannte SRY-Gen – für die Bestimmung des männlichen Geschlechts zuständig. Denn auch wenn sich ein Y-Chromosom mit einem X-Chromosom vereinigt hat und somit genetisch ein Bub festgelegt wurde, entwickeln sich ohne das SRY-Gen automatisch die Geschlechtsorgane eines Mädchens. Ein Kollege von mir pflegte zu sagen: „Unser Y-Chromosom ist ein Spiegel unserer Rhetorik: So wie viele von uns Männern nicht Menschen großer Worte sind, so besitzt unser Y-Chromosom nicht viele Gene – aber eben entscheidende."

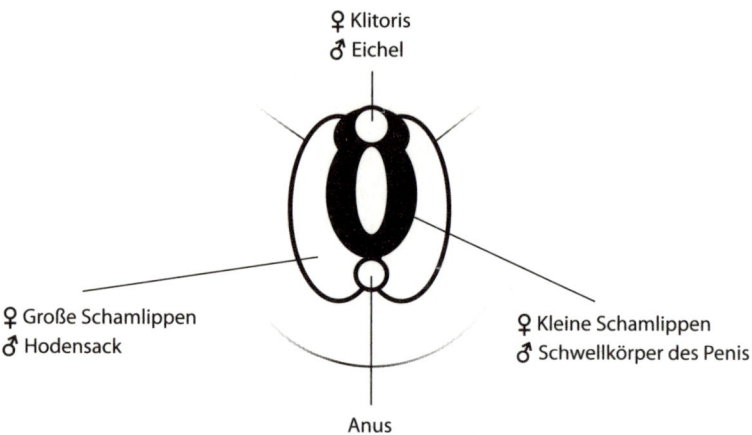

♀ Klitoris
♂ Eichel

♀ Große Schamlippen
♂ Hodensack

♀ Kleine Schamlippen
♂ Schwellkörper des Penis

Anus

Abb.: Die Entwicklung der Geschlechtsorgane (grob schematisch):
Erst im 3. Schwangerschaftsmonat kommt es infolge hormoneller Einflüsse zur Ausbildung männlicher Geschlechtsorgane. Ohne dieser Hormoneinwirkung entwickeln sich aus demselben Gewebe weibliche Geschlechtsorgane. (Die Hormone werden, wie im Text erklärt, vom SRY-Gen gesteuert.)

Ab dem dritten Schwangerschaftsmonat werden nach und nach aus dem embryonalen Gewebe, das Geschlechtshöcker genannt wird, beim Mädchen der kurze Schaft, die Eichel und die beiden Schenkel des Kitzlers (Klitoris) gebildet und beim Jungen der Schwellkörper und die Eichel. Aus den daneben liegenden Geschlechtsfalten entsteht das Vorhäutchen der Klitoris, das in die kleinen Schamlippen mit dem Vorhofschwellkörper, der um die Harnröhre liegt, übergeht. Beim Mann entsteht aus den Geschlechtsfalten der Harnröhrenschwellkörper. Die außen liegenden sogenannten Geschlechtswülste bilden die großen Schamlippen einerseits, andrerseits den Hodensack.

Ab dem fünften Schwangerschaftsmonat sind die äußeren Genitalien voll differenziert. Beim männlichen Fetus ist der Geschlechtsspalt nun geschlossen und beim Erwachsenen nur noch an der Verwachsungsnaht am Hodensack erkennbar. Beim weiblichen Fetus sind ab diesem Entwicklungsstatus der Scheidenvorhof, die Schamlippen sowie der Scheideneingang mit dem Jungfernhäutchen fertig ausgebildet.

Zusammenfassend möchte ich noch einmal das Beispiel von Klitoris und Penis herausgreifen, um die Umwege, auf denen wir Frauen oft erst zum Orgasmus kommen können, besser erklären zu können. Penis und Kitzler sind also Gegenstücke; sie sind mit ungefähr der gleichen Anzahl von Nervenenden ausgestattet. Beim Sex haben sie als Hauptlustzentren einen ähnlichen Stellenwert. Allerdings war der Kitzler ein vernachlässigtes Stiefkind, dessen Rolle beim Sex lange nicht erkannt wurde; das beweist die Tatsache, dass er bis zum Ende des 20. Jahrhunderts in vielen Aufklärungs- und Unterrichtsbüchern keine Erwähnung fand.
Die Einzigartigkeit des Kitzlers liegt darin, dass er keine andere Funktion hat, als Lust zu spenden, wohingegen die Eichel des Mannes auch noch Quelle flüssiger Spenden ist. Wenn man bedenkt, dass die kleine Klitoris so viele lustspendende Nervenzellen besitzt, ist es auch verständlich, dass sie die häufigste Quelle eines Orgasmus ist, während die vaginalen Höhepunkte erfahrungsgemäß eher seltener sind. Je nach Studie wird angegeben, dass zwischen 80 und 97 Prozent aller Orgasmen klitoral und nur zwischen 3 und 20 Prozent vaginal sind. Das liegt daran, dass die Natur das Lustzentrum außer- und oberhalb der Scheide platziert hat, wodurch es bei „normalem" Geschlechtsverkehr nur selten stimuliert wird.
    Warum das? Eine Bosheit der Natur, werden Sie jetzt vielleicht denken. Was auf den ersten Blick so anmutet,

ergibt bei genauerer Betrachtung Sinn. Bei einer Geburt muss die Vagina sehr weit gedehnt werden, damit das Kind durchtreten kann. Wären die Nervenzellen, die auf der Klitoris sitzen, rund um den Scheideneingang verteilt, dann würden sich die Schmerzen bei der Geburt ins Unerträgliche potenzieren – und das möchte uns die Natur ersparen. Das hat jedoch den Effekt, dass die Eichel als Vorhut des Penis mitten drin statt nur dabei ist, während der Kitzler auf einsamem Posten in luftiger Höhe sitzt, den Penis von oben bei seinem Spiel beobachtet und verzweifelt „Haaaaaallo" schreit – freilich ohne gehört zu werden. Nach Beendigung des rhythmischen Rein-Raus-Tanzes des strammen Gefährten blinzelt der Kitzler nur geschwollen und traurig hinterdrein und denkt sich wohl „Wieder nix!"...

Wie ist das nun mit den vaginalen Orgasmen? Welches Gewebe ist dafür hauptsächlich verantwortlich?

Zuerst muss die Region tief in der Scheide um den Muttermund erwähnt werden. Diese Region ist zumeist so unempfindlich, dass kleinere operative Eingriffe ohne Betäubung durchgeführt werden könnten. Und trotzdem reagieren manche Frauen hier auf Druck oder Dehnung sexuell sehr angeregt, wohingegen für andere dieser Druck schmerzhaft sein kann.

Amüsiert nehme ich immer wieder zur Kenntnis, dass in manch esoterisch orientierten Ratgebern dieser unangenehme Druck einem Stau von nicht aufgearbeiteten Gefühlen und tiefen Verletzungen entsprechen soll. Wohl nach dem Motto „Nix runterschlucken, sonst beißt der Muttermund zurück". Ich muss aber zu meiner Schande gestehen, dass ich für den spirituellen Weg zu einem erleuchteten Sex wohl noch nicht reif bin. Denn als ich einmal las, dass der „Muttermundorgasmus" der einzig göttliche sei, und ich mich neugierig in dieses Kapitel vertiefen wollte, fragte mein Partner plötzlich besorgt, was mit mir sei. Ich denke, mein Gesichtsausdruck muss eine Mischung aus einer alpenländischen Fastnachtpercht und Stan Laurel gewesen sein. Ich wusste in diesem Moment nicht, ob ich bei so viel anatomisch-physiologischem Schwachsinn lachen oder vor imaginiertem Schmerz weinen sollte, als ich die Ausführungen eines großen Meisters der spirituellen Sexualität las. Dieser meinte nämlich, dass der Muttermund der Schlüssel sei, der die körperlichen und emotionalen Türen zu einer wahrhaft spirituellen Vereinigung öffne. Von dieser großen Verheißung neugierig gemacht, las ich wissbegierig weiter, als mein Partner bemerkte, wie sich meine Augenbrauen zu heben begannen, mein Kopf sich immer mehr nach hinten schob, meine Nackenhaare sich sträubten, meine Katze angewidert die Belagerung meines Schoßes beendete und ich in schallendes Gelächter ausbrach. Die Behauptung des großen Meisters, es sei möglich, dass Penis und Vagina nicht zusammenpassen könnten, wenn das eine oder andere zu kurz oder zu lang sei, endete in der Ausführung, dass bei zu langem Penis oder zu kurzer Scheide die Gefahr bestünde, dass der Penis durch den Muttermund bis in die Gebärmutter eindringe. Die Vorstellung, dass der große Meister das Geschilderte ernst meinen könnte, bewirkte meinen Lachanfall. Darüber hinaus rief die Vorstellung, wie weit der Penis den Muttermund dehnen müsste, um in die Gebärmutter eindringen zu können, in meiner bloßen Phantasie geburtsähnliche Schmerzen hervor. Ich dachte daran, wie schmerzhaft das Einsetzen einer Verhütungsspirale ist – und das bei einer läppischen Dehnung des Muttermundes auf vier bis fünf

Millimeter. Der Muttermund und der Gebärmutterhals-
kanal sind bei einer Frau, die (noch) kein Kind auf natür-
lichem Weg zur Welt gebracht hat, normalerweise zirka
zwei Millimeter geöffnet, während sie bei Frauen, die in
den letzten Jahren eine „normale" Geburt hatten, vier bis
fünf Millimeter offen sind. Da ich weiß, wie schmerzhaft
für manche kinderlose Frauen die Aufdehnung des Gebär-
mutterhalskanals ist, um eine Spirale einzusetzen, wollte
ich mir den Schmerz nicht näher vorstellen, den eine
Dehnung hervorrufen würde, die es einem Penis erlaubte
einzudringen. Die Vorstellung, wie das beste Stück dieses
großen Meisters dimensioniert sein müsste (geschätzte 4 x
150 Millimeter?), um beim Gehgutigutverkehr in den Muttermund einzudringen, amüsierte mich sehr. Umfragen
zeigen, dass die Penisgröße für die Befriedigung der Frau
eine weniger große Rolle spielt als manch andere Faktoren.
Ich möchte diese Tatsache als Entschuldigung anführen,
warum ich vom spirituellen Weg zur erfüllten Sexualität
wieder auf den durch Beweise belegbaren anatomisch-
physiologischen Weg zurückgekehrt bin.

Es ist an der Zeit, auf unserer Suche nach erogenen Zonen
als Nächstes den sogenannten *G-Punkt* zu erwähnen. Ich
begab mich einst in meiner Jugend auf die Suche nach
diesem Gräfenberg-Punkt, der – als Mystikum von vielen
erwähnt, aber nicht näher beschrieben – einem Schalter
gleich Garant für einen Orgasmus zu sein schien. Damals
sprachen alle davon, niemand konnte sagen, wo das merk-
würdige Ding zu finden sei. Es war in Vorzeiten von Google
und Wikipedia keine leichte Aufgabe, etwas über diesen
Lustknopf herauszufinden. In die Anatomiebücher hatte es
der G-Punkt nämlich nicht geschafft, da lange nicht bewie-

sen war, dass diese Struktur wirklich existiert (und das ist bis heute umstritten).

Benannt ist der G-Punkt nach dem deutschen Mediziner Ernst Gräfenberg, der den ersten Eisprungtest entwickelte und schon im Jahr 1929 das Ergebnis einer Studie an 1.100 Frauen über die von ihm entwickelte Verhütungsmethode des Gräfenberg-Ringes vorlegte. Dieser Ring war der Vorgänger der modernen Spirale und hatte eine Schwangerschaftsrate von nur drei Prozent. Er war eine der ersten Verhütungsmethoden, die in die Gebärmutter eingelegt wurden. Darüber hinaus beobachtete Gräfenberg, dass es während der sexuellen Erregung bei Frauen durch die verstärkte Durchblutung des Schwellkörpers in der Vagina zu einer Verengung des Scheideneinganges und des unteren Scheidendrittels kommt. Er fand heraus, dass die Stimulation eines bestimmten Teiles dieses Schwellkörpers, der rund um die Harnröhre und zirka zwei bis drei Zentimeter innerhalb des Scheideneinganges liegt, für die Frau sehr lustvoll sein und diese zum Orgasmus führen kann. Ernst Gräfenberg zu Ehren wurde diese Region später als G-Punkt bezeichnet.

Vielleicht fragen Sie sich jetzt, wo denn das entsprechende Gewebe beim Mann zu finden sei, schließlich hat jedes Gewebe ein Pendant im Bereich der weiblichen und männlichen Genitalien. Die entsprechende Region beim Mann liegt im Bereich des sich verdickenden Endes der Schwellkörper zwischen Hodensack und After im angrenzenden Bereich zur Prostata. Das ist eine Art Reflexzone, über die sich die Prostata des Mannes stimulieren lässt, was zu einem schnelleren und intensiveren Orgasmus führen kann.

Bleibt abschließend zum G-Punkt zu sagen, dass ein Orgasmus per Knopfdruck zwar praktisch wäre, aber längst nicht jede Frau oder jeder Mann empfindet die Stimulation des viel umschwärmten Mystikums als erregend oder gar explosiv.

Um der Mystik sämtlicher in der Literatur kursierenden Punkte – und da gibt es noch mehrere als den G-Punkt – ein bisschen den Nimbus zu nehmen, sei erwähnt, dass insgesamt die vordere obere Vaginalwand am stärksten auf sexuelle Stimulation anzusprechen scheint. Bei vielen Frauen kann diese Region bei Stimulation angenehme sexuelle Empfindungen hervorrufen, bei manchen höchstens vermehrten Harndrang. Übrigens sind es diese Teile des weiblichen Schwellkörpers, die meinen Überlegungen nach für den vom esoterischen Meister erwähnten göttlichen Orgasmus verantwortlich sind, und nicht das Eindringen des Penis in den Muttermund.

Wichtig ist mir, anzumerken, dass jeder Mensch – Männer wie Frauen – individuelle erogene Bereiche und Zonen hat, die oft nicht objektivierbar sind. Das größte auf sexuelle Stimulation ansprechende Organ ist die Haut. In unserer Gesellschaft, die das sexuelle Lustempfinden betreffend genitalfixiert ist, wird oft übersehen, wie wichtig Berührungen und Hautkontakt sind, wenn sich zwischen SexualpartnerInnen eine intime Vertrautheit einstellen soll. Wie viele von uns kennen das: dass Berührungen am Nacken und am Hals einen Schauer des Entzückens durch den Körper strömen lassen? Und dass ein Streicheln der Innenseite des Unterarms eine Gänsehaut des Wohlbefindens hervorrufen kann? Auch Lippen und Zunge, Anus und Gesäß sind hocherotische Zonen – und jeder und jede von uns kann wohl noch unzählige individuelle Ergänzungen machen.

Gibt's da nun eine Lösung?

So manchen Mann habe ich schon aus Verzweiflung sagen hören: „Wenn mein Penis nur länger wäre, wäre alles kein Problem – dann würde ich meine Frau jedes Mal zum Orgasmus bringen!" Ich möchte meine Zweifel daran äußern. Immer wieder kursiert der 20-Zentimeter-Mythos durch unser aller Köpfe. Ein Penis mit dieser Länge soll angeblich jeder Frau ungeahnte Lust verschaffen. Nicht unerwähnt sollte bleiben, dass der typische deutsche Penis mit durchschnittlich 14,5 Zentimetern ein Stückchen von diesem angestrebten Idealmaß entfernt ist. Und das wird wohl auch für den typischen österreichischen und Schweizer Penis gelten, auch wenn diese Studie an deutschen Männern durchgeführt wurde. Die gute Nachricht dazu: Eine Umfrage der Berliner Charité zum Thema weiblicher Orgasmus zeigte, dass nur sehr wenige Frauen der Länge des Penis eine Bedeutung zusprachen. Viel größere Bedeutung besaßen für den Großteil der Frauen Duft und persönliche Hygiene des Partners sowie die eigene Stimmung. Damit ist auch klar, woher der Samstag-Abend-Sex-Mythos seinen Ursprung hat. Wer kennt nicht die Erzählungen aus einer Zeit, als am Samstag die wöchentliche Familienbadewanne eingelassen wurde: Wenn alle gleich schmutzig waren, erfolgte die Reihung der Familienmitglieder nach Hierarchie, bei unterschiedlichem Schmutzstatus waren die Saubersten zuerst dran. Mal ganz ehrlich: Wer hätte unter diesen Umständen schon am Freitag Sex haben wollen?

Mit scheint jetzt geklärt, dass die Größe des Penis nicht den gewünschten Effekt hat und diese kein Garant für einen außerirdischen Sexgenuss ist. Auch die Leistungsorientierung, in deren Mittelpunkt das Streben nach dem Orgasmus steht, kann sehr viel Druck hervorrufen und dazu führen, dass das Vergnügen hinter der Arbeit und der Anstrengung zurückbleibt. Deshalb sollten wir uns auf die Suche nach Möglichkeiten begeben, wie Sex für beide „erfolgsversprechend" sein kann.

Kennen Sie auch das Gefühl beim Sex, das besonders bei Verrenkungen à la Kamasutra auftritt, dass es eigentlich schon genug wäre? Dass die Nähe ausreicht und man eigentlich lieber zusammengekuschelt einschlafen möchte? Und trotzdem quält einen das Bedürfnis, so lange weiterzuschuften, bis zumindest einer oder eine von beiden einen Orgasmus hat.

In diesem Zusammenhang fallen mir immer die Worte der 53-jährigen Eveline ein, die mich während einer gynäkologischen Routinevorsorgeuntersuchung auf das Thema Sexualität angesprochen hatte: „Die Sexualität ist mir überhaupt ein Rätsel. Ich habe das Gefühl, dass kein anderer Bereich in meiner Beziehung so störungsanfällig ist. Will ich keinen Sex, fragt mich mein Mann oft, ob ich ihn nicht mehr liebe. Will ich öfter Sex, fragt er mich, ob ich etwas im Schilde führe. Und wenn er mich nicht zum Orgasmus bringt, dann fragt er, ob ich ihn nicht mehr gut im Bett finde. Ich habe schon oft nach dem Sinn des Orgasmus gesucht und bin zu der Erkenntnis gekommen, dass er wohl nur dafür da ist, dass man weiß, wann man mit dem Geschlechtsverkehr endlich aufhören kann!"

Ich fürchte, dass für viele Frauen und Männer ein Orgasmus der Hauptgrund ist, warum sie Sex haben, und frage mich, ob es nicht in erster Linie um eine lustvolle gemeinsame Erfahrung mit dem Partner, der Partnerin gehen sollte – um eine Erfahrung von Intimität und Nähe, mit der Option, einen Orgasmus haben zu können, ohne sich darauf zu fixieren, dass jede sexuelle Handlung nur zu einem Mittel zu diesem Zweck wird. Dass laut der schon erwähnten Umfrage von *Psychology today* etwa drei Viertel der Frauen Sex auch ohne Orgasmus als glücklich machend und ein bisschen mehr als die Hälfte ihn als befriedigend empfunden haben, unterstreicht meine Annahme.

„Was aber", werden Sie vielleicht denken, „wenn mir gelegentlich doch nach einem Orgasmus ist? Und die Meixner behauptet, dass den durch Geschlechtsverkehr zu erreichen ein sehr schwieriges Unterfangen ist. Wie stellt sie sich das dann vor?"

Ich möchte Ihnen noch einmal das Bild in Erinnerung rufen, bei dem wir fast Mitleid mit dem extern liegenden, beim „normalen" Geschlechtsverkehr vernachlässigten Kitzler bekommen haben. Auch der G-Punkt fühlt sich bei den meisten Stellungen auf einsamem Posten, da er ja doch auch ein bisschen versteckt hinter dem Schambein auf Gesellschaft wartet. Beide Strukturen gleichzeitig zu stimulieren, wäre ein Leichtes für einen Penis in L- oder noch besser in Y-Form. Meinen persönlich durchgeführten Umfragen und meiner medizinischen Erfahrung nach sind diese heutzutage jedoch leider sehr selten anzutreffen. Ich arbeitete in einem Krankenhaus häufig mit einem sehr netten Operationsgehilfen zusammen, der auch für das Anlegen von Gipsverbänden zuständig war. Nachdem er einen meiner Vorträge zum Thema Sexualität gehört hatte, hatte er folgende Idee: Er habe sich überlegt, eine Schiene zu entwerfen, in die man(n) nachts den Penis legen könne, um über kurz oder lang zu einer Y-Form zu gelangen. Bei unseren Zähnen würde das ja auch funktionieren, nur halt in umgekehrter Form – vorher schief und dann gerade. Ich glaube, er arbeitet noch immer an einem Prototyp, denn immer, wenn wir einander begegnen, nickt er mir geheimnisvoll und mit wissendem Lächeln zu.

II.

SEXMYTHEN

Robert und Karin kamen auf Roberts Drängen zu mir in die Sexualberatung, da beide schon lange vom gemeinsamen, zeitgleichen Orgasmus träumten und Robert auch an einer etwas häufigeren Frequenz der sexuellen Kontakte Gefallen finden würde. Er war Zimmerer und einer der wenigen Menschen, die ich je kennen gelernt habe, auf die der Spruch *Er arbeitet Tag und Nacht* zutraf – im Sommer war sein offizieller Arbeitstag sowieso mindestens zehn Stunden lang, und wenn er dann noch von seinen Auftraggebern gefragt wurde, ob er nicht ein, zwei Stündchen anhängen könne, gab es nicht selten sechzehn Stunden dauernde Arbeitstage. Die meisten Samstage und viele Feiertage gehörten den Haus bauenden Freunden, einzig der Sonntag blieb ausnahmslos für die Familie reserviert. Robert und Karin ergänzten sich optimal – er bezeichnete sie liebevoll als „mein fleißiges Bienchen" und schätzte sehr, dass sie alle anfallenden Arbeiten rund um Haus und Hof erledigte, die familiären Entscheidungen sowie die häusliche Verantwortung übernahm und ihm den Rücken freihielt. Robert beschwerte sich einzig darüber, dass er im Terminkalender seiner Frau immer an letzter Stelle stünde,

47

wenn er einmal zu Hause sei. Zuerst müsse noch die Bluse für den nächsten Tag gebügelt werden, dann noch der Kuchen für den Besuch der Schwiegertiger gebacken, der Geschirrspüler ausgeräumt und mit der zu Tode betrübten Freundin telefoniert werden. Wenn er Glück habe, müsste sie dann nicht mehr zur Fußpflege oder Friseurin, wenn der Haushalt erledigt sei. Würde man(n) dann noch nicht eingeschlafen sein, stünde eventuell noch Zeit für Zweisamkeit und Partnerschaft zur Verfügung, lauteten die untergriffigen Meldungen des Anwesenden, die mit den Worten pointiert wurden: „Und wenn ich es doch schaffe und dich überrede, die Haushaltsarbeiten bleiben zu lassen, dann denkst du beim Sex sowieso nur daran, was du danach noch zu tun hast."

Karins Antwort war genauso unter der Gürtellinie: „Du bist ja sowieso schon fertig, wenn ich erst mitbekomme, dass die Spiele begonnen haben …"

Ich schaltete mich umgehend in das Gespräch ein und fragte, was beide benötigten, um in solchen Situationen nicht in gewohntes Fahrwasser zu kommen bzw. die gegenseitigen Annäherungen sogar genießen zu können?

Karin meinte daraufhin, dass ihr Roberts Unterstützung bei den noch zu erledigenden Hausarbeiten viel freie Zeit brächte, die sie dann auch gerne mit ihm verbringen würde.

Robert signalisierte eine gewisse Bereitschaft, diese Idee umzusetzen. Er fürchtete jedoch, dass die gemeinsame Erledigung der Hausarbeit für die Beziehung eher emotional belastend als förderlich wäre, da ihm Karin bestimmt sagen würde, wie er den Putzfetzen auszuwinden habe.

Auf meine Frage, wie ich das verstehen könne und ob er glaube, dass er seiner Frau zu ungenau putze, antwortete er, dass nicht das Ergebnis, sondern das „Wie" seiner

Bemühungen ständig kritisiert werde und er am liebsten dann Hauswirtschaft betreibe, wenn sein „Bienchen" nicht in der Nähe sei.

Karin grinste.

Ich fragte sie, ob bzw. wie sie sich eine Lösung dieses Problems vorstellen könne.

Sie wandte sich an Robert und legte amüsiert los: „Hase, ich könnte ja einstweilen ins Schlafzimmer gehen, mich ausziehen und anfangen, mich selbst zu stimulieren, während du einstweilen die Wäsche bügelst, den Kuchen für den Besuch deiner Eltern backst, dann eventuell noch den Geschirrspüler ausräumst und zu saugen beginnst. Wenn ich dann so weit bin, ruf ich ‚Hase, geht schon!' – Du kommst rein, machst mit und – *Rummms* – da haben wir schon den lang ersehnten gemeinsamen Orgasmus."

Die nächste Sitzung begann Robert schmunzelnd mit den Worten: „Seitdem ich im Haushalt sauberer werde, wird unser Sex schmutziger."

Vielleicht denken Sie nach diesem Beispiel: „Also wenn ich meinen Mann bügeln lasse, kann ich mich jede Woche neu einkleiden, weil er mir die ganze Wäsche verbrennt." Oder: „Unsere Arbeit im Haushalt ist sowieso gut aufgeteilt, aber unsere sexuellen Reaktionszyklen passen trotzdem nicht zusammen."

Was dann?

Bis jetzt habe ich nur die Hintergründe unserer unterschiedlichen Reaktionszyklen erwähnt, ohne aufzuzeigen, wie die „körperliche Kommunikation" – so bezeichne ich Sexualität gerne – gut funktionieren kann.

Mir ist schmerzlich bewusst, dass die Suche nach einer gemeinsamen glücklichen Sexualität nicht leicht ist. Und die Paare, die fündig geworden sind, haben keine Garantie, dass dies so bleiben wird. Glücklich diejenigen von uns, die nach Zeiten sexueller Flaute und nach un-lust-igen Phasen ihre Sexualität wieder aufleben lassen können.

Haben Sie sich auch schon des Öfteren gefragt, was denn unsere Sexualität so konfliktanfällig macht? Was uns so verunsichert und unser Leben auch beeinflusst, ohne dass wir es bemerken? Was es ist, das sich einschleicht wie ein Borkenkäfer, der gesundes Terrain befällt und den ganzen Stamm unserer glücklichen Beziehung zu ruinieren droht?

Aber wie können wir uns schützen vor diesen Schädlingen des Sexuallebens? Vielleicht ist es einfach wertvoll, aufmerksam zu sein und zu erkennen, welche Schädlinge – Mythen und in der Gesellschaft kursierende Gerüchte – uns befallen und an unserer Beziehung nagen. Dann können wir auch bewusst entscheiden, ob wir uns diese vorgefassten Meinungen überstülpen lassen und sie einfach übernehmen, ohne zu prüfen, ob sie auf uns zutreffen. Gerade am Anfang einer Beziehung plagen uns oft viele Ängste: *Genüge ich dem/der anderen? Gefalle ich meinem Herzblatt wirklich? Hoffentlich verlässt sie/er mich nicht gleich wieder, wenn sie/er mitbekommt, wie ich wirklich bin.* Und aufgrund dieser Ängste versuchen wir, uns an den Partner oder die Partnerin anzupassen, saugen die in der Gesellschaft kursierenden Tipps und Tricks über die Sexualität in uns auf und versuchen, uns an vorgefasste Meinungen und Klischees anzugleichen. Wir rücken die Gemeinsamkeiten in den Vordergrund und überspielen alle Differenzen, wodurch diese Ängste vorübergehend nachlassen. Ich sehe das Problem weitgehend darin, dass wir uns im Laufe dieser Anpassung und Angleichung an unseren Partner oder unsere Partnerin immer mehr von uns selbst entfernen.

Während ich das schreibe, grinse ich vor mich hin: Ich weiß, meine Freundinnen und Freunde werden die Augen verdrehen, wenn sie diese Seiten lesen, und denken: „Nicht schon wieder! Nicht einmal in ihrem Buch kann sie es lassen … jetzt kommt gleich wieder der *Bei-mir-sein-Standardspruch*!" Was ich damit meine?

Nicht nur auf die Sexualität, sondern auf die ganze Partnerschaft bezogen bin ich der Meinung, dass wir ein verzerrtes Bild von uns selbst erzeugen, indem wir uns dieser gefährlichen Anpassungsstrategie bedienen. Erstens kann es sehr mühsam sein, ständig zu versuchen, eine Haltung und Einstellung einzunehmen, die sich mit der des Partners oder der Partnerin verträgt. Zweitens entfernen wir uns dabei immer weiter von uns selbst. Wir steigen sozusagen immer wieder erneut über uns drüber, verletzen unsere eigenen Grenzen, missachten unsere Bedürfnisse und sind nicht „bei uns". Ich erachte es für überaus wichtig, immer zu prüfen: „Ist sein/ihr Wunsch für mich in Ordnung? Wie geht es mir dabei, wenn ich das mache oder wenn ich dabei mitmache?" So achte ich automatisch darauf, wie es mir geht, und ich bin „bei mir". Nach dieser Überprüfung aus dem Bauch heraus kann ich für mich entscheiden, was ich tun möchte. Ich gebe Ihnen ein negatives Beispiel. Denke ich: „Eigentlich hätte ich jetzt überhaupt keine Lust, mit ihm zu schlafen, aber wir haben eh schon über eine Woche keinen Sex gehabt, und ich merke, dass er deshalb immer grantiger wird … außerdem war er ja auch lieb zu mir und hat mich gestern Abend unterstützt bei meiner spontanen Idee, die Möbel im Esszimmer umzustellen … und besser heute als morgen, denn nach dem Fitnesscenter werde ich müde sein und nur noch schlafen wollen …" In diesem Fall darf ich mich nicht wundern, wenn ich nach einigen Monaten oder Jahren Aggressionen oder andere Unmutsgefühle meinem Partner gegenüber bekomme, wenn er sich nur liebevoll an mich kuscheln möchte – ohne Hintergedanken, die ich ihm aber unterstelle.

Das ist dann aber nicht auf Grund einer sexuell fixierten Intention meines Partners, sondern einzig und allein, weil ich jahrelang über meine Bedürfnisse hinaus nur auf seine geachtet habe. Wobei ich auch bekennen möchte, dass ich mir manchmal nicht sicher bin, ob ich dann möglicherweise nur nach seinen *vermeintlichen* Bedürfnissen gehandelt habe. Vielleicht dachte er dasselbe wie ich? Vielleicht wollte er einfach nur Nähe und hat Sex bekommen, weil ich sein Suchen nach jeglicher Form von Körperkontakt als Sexhunger interpretierte?

Sie sehen schon: Nicht bei mir selbst, sondern beim oder bei der anderen zu sein kann Verwirrung in mir selbst hervorrufen und ist auch ein guter Nährboden für zwischenmenschliche Konflikte.

In unserer Kultur und Gesellschaft ist es nicht immer leicht, bei sich und den eigenen Bedürfnissen zu sein und diese zu prüfen und zu vertreten. Oder mit anderen Worten: Das *eigene stabile Selbst* zu finden, wie es der amerikanische Sexualtherapeut David Schnarch nennt, basiert häufig auf der Auseinandersetzung mit den Verunsicherungen, die uns immer wieder begegnen und die gerne als „Sexmythen" bezeichnet werden.

Ich möchte Sie einladen, sich nun mit mir auf die Suche nach diesen Schädlingen unserer glücklichen Sexualität zu machen und zu schauen, auf welche dieser Mythen wir in unserem Alltag immer wieder stoßen.

Das Wort *Mythos* kommt aus dem Altgriechischen und bedeutet neben *Wort, Laut, Rede, Erzählung* auch *sagenhafte Geschichte*. Ein Mythos ist in seiner ursprünglichen Bedeutung eine Erzählung, mit der Menschen aller Kulturen ihr Welt- und Selbstverständnis zum Ausdruck bringen. Er erhebt Anspruch auf Geltung der von ihm postulierten Wahrheit. Kritik an diesem Wahrheitsanspruch gibt es seit der griechischen Aufklärung. Auch ich möchte in diesem Kapitel Kritik an den Wahrheitsansprüchen der in unserer Gesellschaft kursierenden *Sexmythen* äußern, da ich in meiner Praxis sehr oft damit konfrontiert werde, wie diese das Sexualleben vieler Menschen negativ beeinflussen können.

Mythen über die „schönste Nebensache der Welt" – alleine dieser Ausdruck könnte bei näherer Betrachtung ins Schwanken kommen – gibt es *en masse*. Mir ist in den vielen Jahren meiner Tätigkeit als Gynäkologin aufgefallen, dass es immer wieder die gleichen Sexmythen sind, die unserem Liebesleben zu schaffen machen. Genau genommen sind es sieben große Mythen, auf die ich in diesem Buch näher eingehe, doch auch „Mythen *light*" geistern in unseren Köpfen herum und amüsieren uns zum Glück mehr, als sie uns verunsichern. Auf diese möchte ich vorweg kurz eingehen.

Die Gültigkeit des Spruches *Wie die Nase des Mannes, so sein Johannes* wurde durch Studien genauso widerlegt wie ein Zusammenhang zwischen der Größe des Penis und der Länge der Finger beziehungsweise der Größe der Füße. Aber eigentlich ist das ja nebensächlich, da es gar nicht auf die Größe des erigierten Penis ankommt, wie wir schon wissen.

Amüsant finde ich auch, wie krampfhaft sich der Mythos eines Scheidenkrampfes hält, bei dem Mann und Frau ineinander verhakt bleiben und dann von einer Notärztin oder einem Notarzt getrennt werden müssen. Weniger amüsant als schockierend empfand ich es allerdings, als mir ein Jugendlicher sagte, er habe diese Information von einem Urologen im Rahmen des schulischen Aufklärungsunterrichtes erhalten. Wer auch immer diesen Mythos aufgebracht hat, er oder sie hat sich wahrscheinlich von Hunden inspirieren lassen – wo eine derartige „Verhakung" tatsächlich vorkommt. Ich möchte aber in Erinnerung rufen, dass es als *Vaginismus* bezeichnete Scheidenkrämpfe tatsächlich gibt. Hierbei verengt sich der Scheideneingang, wodurch der Penis erst gar nicht eindringen kann – es kommt aber keinesfalls zu einem beklemmenden und Angst einflößenden Festhalten des Penis, wenn er schon in der Scheide ist.

Der stolze Spruch glatzköpfiger Männer *Wenn der Scheitel breiter wird, geht der Saft in d'Wurzn* ist leider auch nur eine Vermutung, die daher rührt, dass man früher dem Testosteron, das unter anderem als Geschlechtshormon beim Mann die Glatze verursacht, die alleinige Libidogenese zusprach. Natürlich ist das längst widerlegt: Sexappeal und Potenz haben nichts mit einer Glatze zu tun, zumal der Haarausfall meist mehr mit einer Überempfindlichkeit der Haarfollikel zu tun hat als mit dem Testosteronspiegel im Blut.

Pensionstechnisch gesehen ist es überlegenswert, den Mythos zu verbreiten, dass eine Vaginaldusche mit Cola eine Schwangerschaft verhindern könnte. Aber als ernst zu nehmende Verhütungsmethode kann dies nicht angesehen werden: Versuche an der *Harvard Medical School* zeigten zwar, dass Spermien in Cola schneller ihre Beweglichkeit verlieren, jedoch werden sie nicht abgetötet, sind also noch befruchtungsfähig.

Einer meiner Lieblingssprüche aus meiner Jugendzeit lautet *Fünftausend Schuss und dann ist Schluss*. Wenn dem wirklich so wäre, dann hätten die meisten Männer noch vor dem dreißigsten Lebensjahr ihr Magazin leer geschossen – vorausgesetzt sie hätten, wie der durchschnittliche Mann, im Alter von fünfzehn Jahren zu onanieren begonnen und ab diesem Zeitpunkt täglich einmal im Rahmen eines Koitus oder einer Masturbation ejakuliert. Bewiesen ist lediglich, dass die Samenkonzentration im Sperma bei mehreren aufeinander folgenden Ejakulationen etwas abnimmt. Der Körper erholt sich jedoch schnell wieder, Samen werden bis ins hohe Alter ständig nachproduziert und nach ein bis zwei Tagen ist auch die Spermienanzahl wieder wie gewohnt. Woher kommt jedoch dieser Mythos der begrenzten „Schussanzahl"? Bei meinen Recherchen fand ich einen Zusammenhang mit dem Mythos, dass Selbstbefriedigung blöd, blind und taub mache, dessen Ursprung vermutlich ins 18. Jahrhundert zurückführt. Zu jener Zeit verfasste der Schweizer Arzt August Simon Tissot eine Abhandlung über die krank machenden Eigenschaften der Onanie. Man muss sich die damalige gesellschaftliche Stellung der Frau vor Augen halten: Sie war finanziell vom Mann völlig abhängig, ihre Aufgabe war die Versorgung der Kinder und die Organisation des familiären und gesellschaftlichen Lebens, das Instandhalten von Haus und Hof. Wurde sie des Hauses verwiesen, stand sie mittellos da. Hatte eine andere Frau ihren Platz eingenommen, konnte sie sich unter Umständen nur durch Prostitution über Wasser halten.

Unter welchen Umständen ist nun die Gefahr am größten, dass der eigene Platz im Herzen des Mannes von einer anderen Frau eingenommen werden kann? Wenn sich ein Mann und eine Frau näher kennen lernen und es zum Sex kommt. Nicht umsonst wird beim Geschlechtsverkehr von der Hirnanhangsdrüse das Hormon Oxytocin ausgeschüttet, das sogenannte Bindungshormon. Somit verhalf der Mythos der fünftausend Schuss zu einer Treuekontrolle.

Man stelle sich nun das elterliche Schlafzimmer *anno 1800* vor: Rauf, runter, raus, rein, stöhn, ächz, Kerze an, Pergamentrolle aus dem Nachtkästchen, ein Strich dazu auf der Liste. Wäre beim viertausendneunhundertsiebenundsechzigsten Mal kein Tröpfchen Ejakulat mehr bei dem Spiel zu gewinnen, könnte die Frau erbost fragen: „Aber hallo! Was ist mit den restlichen dreiunddreißig Schuss?" Und der ergraute Angetraute müsste mit Dackelblick und einer Geste, die an das Polieren von Schuhen erinnert, reuig gestehen: „Selber verschossen!" Sie sehen, das Verteufeln der Selbstbefriedigung und die Kontrolle der Ejakulationshäufigkeit war einst gesellschaftspolitisch gesehen sehr wertvoll.

Diese Beispiele bezeichne ich als „Mythen *light*", andere Sujets sexueller Mythen können uns jedoch oft in Verzweiflung oder in Selbstzweifel stürzen.

Erster Mythos: Liebe muss romantisch sein

Wer kennt sie nicht – die Traumpaare aus Literatur und Filmen? Klassiker wie *Casablanca, Pretty Woman* oder *Romeo und Julia* bringen unsere Herzen immer wieder zum Schmelzen, entringen uns tiefe Seufzer und lassen Tränen des Mitgefühls über unsere Wangen kullern. Nicht von ungefähr zählt Leonardo di Caprio seit dem Film *Titanic* zu den bestverdienenden Schauspielern der Welt.

Was ist es eigentlich, das in unserem Herzen das romantische Feuer so stark anfacht? Warum bringen wir mit Filmsequenzen Gefühle und vor allem guten Sex in Verbindung?

Forscher des *Albert Einstein College of Medicine* zeigten ProbandInnen Fotos von deren Verflossenen, während sie die Hirnaktivität mit funktioneller Magnetresonanztomografie (fMRT) aufzeichneten. Das Betrachten der Bilder stimulierte die Belohnungszentren des Gehirns, insbesondere das sogenannte *dopaminerge Belohnungssystem*, das auch am Suchtverhalten beteiligt ist, etwa wenn man Kokain zu sich nimmt. Diese Studie lässt erahnen, warum Menschen aus Liebeskummer so extreme Handlungen wie Mord oder Suizid begehen.

Und daraus zieht die Neurologin Lucy Brown in einer Studie aus dem Jahr 2010 folgenden Schluss: „Romantische Liebe ist scheinbar sowohl unter glücklichen als auch unter unglücklichen Umständen eine natürliche Sucht."

Ich wage zu behaupten, dass wir uns als junge Erwachsene infolge kultureller Einflüsse nach dem Idealbild der romantischen Liebe sehnen und ständig danach suchen. Wer wartet nicht auf seine Seelenverwandte oder ihren Seelenverwandten, auf den Menschen, der für einen bestimmt ist, mit dem man sich auch ohne Worte versteht, mit dem man fantastischen Sex hat und Gefühle ewiger Liebe entwickelt, die man bis in alle Ewigkeit in der Ehe konservieren möchte? Kaum ein Hollywood-Film würde ohne dieses Bild von Liebe funktionieren.

Aber warum lieben wir eigentlich so, wie wir lieben?

Wie viele können nicht damit umgehen, dass nach wenigen Monaten oder im besten Fall nach zwei, drei Jahren der Höhenflug des heißen Verliebtseins in einem Absturz endet? Wie häufig zweifeln wir dann daran, wirklich die oder den Richtigen gefunden zu haben? Manchmal legen wir uns schon bald wieder auf die Lauer nach der nächsten Projektion unseres Herzklopfens. Sollte man das nicht als „verliebt ins Verliebtsein" betrachten?

Wenn ich diese Frage in Sexualberatungen stelle, höre ich häufig als Antwort: „Ja aber, …" Die körperliche Anziehung habe nachgelassen, das Begehren sei kleiner geworden, der Sex sei, obwohl ja eigentlich derselbe, viel schlechter geworden. Das müsse doch ein Zeichen sein, dass man sich selbst getäuscht oder sogar belogen habe, dass es eben nicht die wahre Liebe sei.

Wo haben solche Gedanken und Träume ihren Ursprung? Die romantische Liebe, wie wir sie heute kennen, ist eine Mixtur verschiedener Liebeskonzepte, die sich im Laufe der Jahrhunderte entwickelt hat. Auch in unserer Kultur war es nicht immer selbstverständlich, aus Liebe zu heiraten. Es gab Zeiten, in denen eine Eheschließung aus wirtschaftlichen Gründen durchaus üblich war, Verliebtheit lebte man außerhalb der Ehe aus. Ich möchte nicht bestreiten, dass das auch heutzutage bei uns hier und dort noch praktiziert wird, aber als das Ideal wird es von der Öffentlichkeit nicht angesehen.

Die romantische Liebe hat ihre Wurzeln in der leidenschaftlichen Liebe des Mittelalters, der sogenannten *amour passion*. Entstanden ist sie in der höfischen Welt des 12. Jahrhunderts, als nichtadelige Troubadoure adelige Damen anhimmelten, die für sie unerreichbar waren. Sie schrieben Lieder und Gedichte für die Angebetete, die wegen ihres hohen Standes verehrt wurde, Schönheit und Charakter waren dabei nebensächlich. Das leidenschaftliche Gefühl entstand durch die Unerreichbarkeit der Angebeteten, ihre Gefühle spielten dabei genauso wenig eine Rolle wie ihre Person.

Allgemein entspricht das der Erfahrung, dass die körperliche Enthaltsamkeit das Begehren aufstaut und die Phantasie beflügelt. Auch in diesem Fall kann man sagen: Der Liebende liebt die Liebe, nicht die Geliebte. Eine Vereinigung in der Realität bedeutete das Ende der Phantasie und somit der Gefühle.

Genau das Gleiche spiegelt sich oft in Dreiecksbeziehungen wider. Die 29-jährige Sandra erzählte mir während einer Therapiesitzung, dass vor einem Jahr ihr Traum von der großen Liebe wahr geworden sei. Sie habe sich auf den ersten Blick in Reinhard verliebt. Und doch klagte sie: „Sie können sich nicht vorstellen, wie sehr sich Reinhard verändert hat, seitdem wir offiziell zusammen sind. Als er noch verheiratet war, nutzten wir jede Sekunde, um zu telefonieren oder um versteckt in einem kleinen Lokal gemeinsam die Mittagspause zu verbringen. Selbst nach einem Feuerwehreinsatz mitten in der Nacht läutete er an meiner Tür und meinte, er würde gerne ein Stündchen mit mir verbringen, bevor er wieder nach Hause müsse, damit es nicht auffalle, dass der Einsatz ja schon vorbei sei. Doch wenn ich ihn jetzt frage, ob er Zeit hat, mit mir die Mittagspause zu verbringen, grummelt er höchstens vor sich hin ‚Dann komm ich wieder zu spät zurück ins Büro und muss nach vier die Zeit anhängen und länger bleiben.‘“

Sandra blickte beim Fenster hinaus, dann fuhr sie fort: „Ich frage mich immer, was da passiert ist? Hat er sich so verändert oder bin ich so anders geworden? Oder haben wir uns die Liebe nur eingebildet?“

Meistens liegt es nicht an einer Veränderung der Personen, sondern daran, dass sich die Lebensumstände verändert haben. Kaum eine andere Konstellation ist dafür so geschaffen, das Bild der romantischen Liebe zu leben, wie eine Außenbeziehung. Kein Alltag trübt die Stunden der Gemeinsamkeit, keine Routine; das Handy, weitab im Auto vergessen, stört ebenso wenig wie der Gedanke, dass das Bett nach dem Sex neu bezogen werden müsste. Das sprichwörtliche Bett im Kornfeld ist das Paradies auf Erden – trotz Ameisen und stacheliger Halme. Weder können offen gelassene Zahnpastatuben den Tag verderben, noch löst der leere Kühlschrank einen Beziehungs-Supergau aus. In kaum einer anderen Beziehung können die Höhenflüge der Liebe so genossen werden wie in einer verbotenen.

Zurück zu den Ursprüngen der romantischen Liebe. Im Mittelalter zur Zeit der *amour passion* stellte man in der leidenschaftlichen Liebe den Zusammenhang zwischen Liebe und Tod her. Der Tod zweier Liebender wurde als Ausweg aus einer Situation betrachtet, die im Leben keine Erfüllung finden konnte. Denken Sie an Romeo und Julia.

Vor dem 18. Jahrhundert war es so, dass der einzelne Mensch in der Gesellschaft wenig Stellenwert hatte. Starb die Frau, suchte der Mann sich eine neue, die sich um Haus und Hof kümmerte, die Kinder erzog und das Essen kochte. Erst im 18. und 19. Jahrhundert änderte sich die Motivation, sich zu binden, was dazu führte, dass die Gefühle bei der Entscheidung für oder gegen eine Ehe eine Rolle zu spielen begannen. Diese sogenannte Neigungs- oder Liebesehe etablierte sich und dadurch wurde die Sexualität zunehmend in die Ehe integriert – bei der aus ökonomischen Gründen geschlossenen Ehe war sie großteils außerhalb dieser gelebt worden. Heutzutage ist es umgekehrt – wird eine Ehe aus Vernunft eingegangen, wird das vom Umfeld der Eheleute meist nur negativ gesehen. Wir setzen die romantische Liebe und unser Idealbild einer Beziehung – und der damit verbundenen Sexualität – mit dem Wunsch nach Seelenverwandtschaft gleich. Wir wünschen uns von unserem Partner oder unserer Partnerin, dass er oder sie unsere Gedanken lesen kann und unsere heimlichsten Wünsche erkennt und erfüllt. Und wir streben in unserer Beziehung nach Ausschließlichkeit – mit niemand anderem soll unsere Partnerin so herzlich lachen wie mit uns, mit keiner anderen soll unser Partner so perfekt einen Tango aufs Tanzparkett legen. Wohl nach dem Motto: Ich bin ganz dein und so soll es auch umgekehrt sein!

Doch je mehr wir solche Ansprüche an uns und unsere PartnerInnen stellen, desto schwieriger wird es, diesem Bild zu entsprechen, das wir von einer idealen und sexuell lebendigen Beziehung haben. Der deutsche Sexual- und Paartherapeut Ulrich Clement beschreibt das in seinem Buch *Guter Sex trotz Liebe* so: „Die Ähnlichkeit ist uns wichtig, den Unterschied blenden wir aus, denn er scheint bedrohlich. Beschränken wir uns auf unsere Gemeinsamkeiten, produzieren wir die Lustlosigkeit, die wir beklagen." Das Fatale daran: Diese Lustlosigkeit ist in ihrer vertrauten

Art ein stabiler Faktor unserer Beziehung, damit kennen wir uns aus, darin sind wir zu Hause.

Wir wissen alle aus eigener Erfahrung, dass es oft bequemer ist, auf ausgetretenen Pfaden weiterzumarschieren, und seien sie noch so voll von Hürden und Beschwerlichkeiten, als sich auf neue Wege mit unbekanntem Ziel zu begeben. Das ist auch vollkommen legitim, wenn die Zeit für eine Veränderung noch nicht reif ist – und es kann nur jede Person für sich entscheiden, wann es so weit ist. Der Volksmund sagt das treffend mit dem Satz: *Wenn es dir schlecht genug geht, wirst du schon etwas ändern.* Oft steckt aber hinter dem Verharren in der gewohnten, unglücklich machenden Situation die Angst, dass eine Veränderung in der Beziehung auch das romantische Liebesideal beenden könnte. Ich möchte dem entgegenhalten, dass eine Umgestaltung der Sexualität auch bedeuten könnte, die angestrebte Gleichheit aufzugeben und die Gemeinsamkeit durch die Unterschiede zu würzen. So kann man den sicheren Ort des gewohnten und oft langweilig gewordenen Sex hinter sich lassen.

Doch warum Ungewisses gegen Vertrautes tauschen? Diese Angst vor dem Erkunden neuen Terrains begegnet mir in den Beratungen immer wieder. Ja selbst in meiner eigenen Geschichte erkenne ich dieses Muster.

Ich möchte Ihnen auf keinen Fall eine Passage aus einem Gespräch mit Magdalena vorenthalten, einer jungen Frau, die zur gynäkologischen Vorsorgeuntersuchung in meine Praxis kam. Sie berichtete mir in ihrem zarten Alter von 18 Jahren von ihrer vermeintlichen Anorgasmie, die sie von ihrem Hausarzt diagnostiziert bekommen hatte. Zugleich klagte sie über die mangelnde Bereitschaft

Ihres Partners, ihr zu helfen, an dieser Unfähigkeit einen Orgasmus zu bekommen, gemeinsam etwas zu ändern: „Nie macht Mandi beim Sex etwas für mich, er bemüht sich nicht mal herauszufinden, was mir gefällt. Und dann wundert er sich, dass ich ihn verzweifelt anschaue und frage, wann *ich* drankomme, wenn er erschöpft ‚Ätsch, Erster!' schreit. Dann nudelt und werkt er an meinem Kitzler 'rum, als würde er aus einem Plastilinklumpen einen Striezel formen wollen. Wenn ich dann sage, dass es mir weh tut und er ungeschickt ist, antwortet er, ich sei merkwürdig, denn seinen bisherigen Freundinnen hätte das auch gefallen. Ich kann noch so oft sagen, dass ich es anders haben möchte, er probiert einfach nichts Neues aus, um mir Lust zu verschaffen."

Als ich Magdalena fragte, ob sie schon einmal überlegt habe, ihm zu zeigen oder zu sagen, was genau sie sich vorstelle und was sie auf Touren bringen würde, schaute sie mich an, als würde ich plötzlich eine andere Sprache sprechen. „*Ich* etwas sagen? Oder gar zeigen! Woher soll ich denn wissen, was mir gefällt? Und außerdem: *Ich* brauche ja nichts zu ändern – *er* muss sich ändern, um meine Lust und mein Wohlgefallen an der Sexualität zu steigern. Wenn er sich nicht so stümperhaft benehmen würde, hätte ich ja kein Problem mit der Sexualität!"

Was zeigt uns dieses Beispiel?

Sind wir tatsächlich an einer Veränderung interessiert, dann müssen wir diese selbst aktiv herbeiführen. Wir dürfen nicht versuchen, den anderen oder die andere zu ändern, wir sollten versuchen, uns selbst zu ändern. Unsere PartnerInnen werden bemerken, wenn wir in Routinesituationen das übliche Verhalten verlassen und anders reagieren. Wenn sie anfangs irritiert sind und nicht gleich heftig

Beifall klatschen, dann ist das verständlich – und auch ihr gutes Recht.

Im Fall von Magdalena ging es so weiter, dass sie durch Selbstbefriedigung begann, ihren Körper besser kennen zu lernen und ihrem Partner nach und nach sagte und zeigte, was sie wünschte. Die selbstbewusste junge Frau bestand darauf, dass der Sex jedes zweite Mal so ablaufen musste, wie sie es sich wünschte, die anderen Male war sie bereit, nach Mandis Wünschen Sex zu haben. War er versucht, während „ihrer" sexuellen Begegnungen zu stark seine eigenen Wünsche einzubringen, sagte sie ihm liebevoll: „Der Beginn war ganz nett, jetzt geht es nicht mehr so ganz nach meinen Vorstellungen. Ich schlage vor, wir schalten wieder auf das Programm *Magdalenas Wünsche* um oder vertagen auf morgen." Laut Magdalena war es für Mandi anfangs nicht leicht, ihre Spielregeln zu akzeptieren, mit der Zeit jedoch lernten sie, mit den Unterschieden zu spielen, und manchmal gelang ihnen auch die Neuinszenierung im Sinne von *Magdalenas und Mandis Hitmix*.

Es gibt natürlich auch Sex mit minimaler emotionaler Beteiligung – sozusagen als Gegenteil vom romantischen Sex. Die Akteure sind körperlich in Kontakt, nicht aber emotional. Dieser Sex ist insofern verführerisch, als man dabei sexuelle Spannung abbauen kann und er den Anschein vermittelt, von Einsamkeit zu befreien. Er ist eine sexuelle Begegnung, bei der die Beteiligten nicht mit den Unannehmlichkeiten rechnen müssen, die entstehen können, wenn man in einen „wirklichen" Kontakt zueinander tritt, in den man mehr Emotionen investieren müsste. Diese Art von Sexualität ist also unpersönlich und kann auch entstehen, wenn man nicht bereit ist, sich aufeinander einzulassen. Kennen Sie die Szene in der Hollywood-Komödie *Pretty Woman*, in der Julia Roberts als Escort-Dame ihrem Gönner Richard Gere erklärt, dass alles möglich und erlaubt sei, nur küssen nicht? Oft ist Sex auf eine unpersönliche Art leichter, als miteinander zu reden, sich die Hände zu schütteln oder zu küssen, da das meistens persönlichen Austausch erfordert. Und wie wir wissen, ist es manchmal schwer, Austausch zuzulassen und sich persönlich in eine Beziehung einzubringen.

Ich meine mit diesem unpersönlichen Sex nicht nur Gelegenheitssex oder One-Night-Stands. Meiner Erfahrung nach kann es in langjährigen Beziehungen sehr wohl immer wieder zu Sex ohne emotionale Beteiligung kommen, gibt es Körperkontakt, ohne sich gegenseitig in die Zweisamkeit einzubringen. Umgekehrt können auch zwei Fremde während eines One-Night-Stands zueinander in Beziehung treten.

Vermutlich machen wir uns etwas vor, wenn wir meinen, dass wir nur auf die eine oder die andere Art glücklich werden können. Es gibt nicht nur die Gegensätze „sexuelle Verschmelzung" und „Sex ohne persönliche innere Beteiligung", genauso wenig wie es nur die Gegensätze Schwarz und Weiß geben kann. So wie es unzählbar viele Grauschattierungen, gibt es auch unendlich viele Nuancen der sexuellen Zuwendung. Sollte es jemandem gelingen, ausschließlich entweder das eine oder das andere zu leben, so bezweifle ich, dass er oder sie dadurch die absolute sexuelle und/oder persönliche Erfüllung findet.

Viele Aspekte und Zwischenstufen der persönlichen Begegnung sind in der Sexualität möglich, und fest steht auch, dass nicht jeder Tag gleich ist. Sex ist wie die gute Küche – mal darf es ein mit Rosmarin verfeinertes Steak sein, dann ein vegetarisches indisches Gericht, an einem Tag gibt es Waldviertler Mohnnudeln, am nächsten ist kalorische Enthaltsamkeit angesagt. Mit Sexualität ist es genauso: Die Vielfalt ist der Feind der Langeweile! An einem Tag darf es ein bisschen mehr von der Liebe sein, am nächsten ein bisschen mehr von Entspannung, am dritten lassen wir das Verlangen nach Nähe weg, um eine Brise schmutziger Phantasien und Gedanken einzubringen. Es ist ein Rezept, das je nach Geschmack immer wieder aufs Neue verändert und mit dem experimentiert werden kann, dessen Grundlage, die Intimität, jedoch das Geheimnis des Erfolges ist.

Vielleicht ist es auch hilfreich, wenn man sich beim Anrichten dieses Genusses immer vor Augen hält, dass Sex nicht die Kraft hat, die ihm angedichtet wird: Er hat das Leben nie radikal verändert und wird es auch weiterhin nie tun. Nur selten wird es uns gelingen, die Erde dabei zum Beben zu bringen oder die Glocken erschallen zu lassen, sollten wir nicht direkt neben einer Kirche wohnen und den Orgasmus zeitlich so koordinieren können, dass er mit den samstäglichen Mittagsglocken gleichzeitig auftritt. Wenn er vorbei ist, muss man sich weiterhin mit den nichtsexuellen Alltagsfragen und Routinegeschehnissen herumschlagen.

Häufig ist Sex nur auf eine ruhige, faule Art angenehm und schön. Manchmal bietet er vielleicht nur körperliche Entspannung, die man zwar genießt, für die man aber nicht die nächsten Nachrichten verpassen möchte. Es kann auch vorkommen, dass er nur Harndrang und den Vorsatz bewirkt, das nächste Mal wieder mehr bei der Sache zu sein, sollte es Richtung Sex gehen.

Die desillusionierende Quintessenz lautet: Realer Sex besitzt keine magischen Kräfte – weder der romantische noch der unpersönliche.

Aber was heißt das? Kann man in der Sexualität überhaupt Erfüllung, Nähe, Freude oder gar Spaß finden? Ja, ich bin davon überzeugt und auch in der glücklichen Lage, viele Beziehungen zu kennen, in denen es den Paaren gelungen ist, eine erfüllte Sexualität mit ihren natürlichen Höhen und Tiefen zu leben. Das Geheimnis dabei heißt *Intimität.*

Intimität ist weder ein selbstverständliches Geschenk der Liebe noch tritt sie automatisch gekoppelt mit dieser auf noch lässt sie sich herbeizaubern, wenn keine Nähe und Zuneigung zwischen zwei Menschen vorhanden ist.

Je mehr ich mich mit der Sexualität und deren Störungen beschäftige, umso häufiger muss ich erkennen, dass auf der Reise zu einer auf Dauer erfüllten sexuellen Beziehung kein Weg an der Intimität als Grundbaustein vorbeiführt. Eine Voraussetzung, um Intimität zu erkennen und zuzulassen, scheint zu sein, dass wir nicht nur Liebe als legitimes Gefühl in einer Partnerschaft akzeptieren. Auch negative Gefühle – im konträrsten Fall der Hass – haben ihre Daseinsberechtigung in Beziehungen. Hass muss nicht schädlich sein, auch wenn man ihn sich nicht eingestehen möchte und Angst davor hat. Viele wollen sich negative Gefühle dem oder der anderen gegenüber nicht zugestehen, was jedoch gerade dann zu Schaden führen könnte. Denn man kann nicht kontrollieren, was man nicht sehen oder dessen Existenz man nicht zugeben möchte. Es scheint ein Schritt im Reifungsprozess zu sein, die eigenen ambivalenten Gefühle dem Partner oder der Partnerin gegenüber anzuerkennen und zuzulassen. Es ist ein großer Schritt, den Widerspruch zu ertragen, dass gegenüber der geliebten Person gelegentlich auch ein Funke von Abneigung vorhanden sein kann. Das ist schon schwer auszuhalten, wenn eine Beziehung von Verbitterung geprägt ist, noch schwerer zu ertragen ist es aber sicherlich, wenn alles gut läuft und trotzdem Hassgefühle vorhanden sind. Sich dieser Ambivalenz bewusst zu sein oder diese sogar auszusprechen, hilft oft in schwierigen Beziehungsmomenten. Mein Partner hat sich in solchen Momenten, in denen ich ihm den letzten Nerv raube, angewöhnt, mir auf seine liebenswerte und unwiderstehliche Art zu sagen: „Auch wenn ich dich jetzt am liebsten in die Wüste schicken würde, liebe ich dich." Mit dieser entwaffnenden Ehrlichkeit ist meistens der Weg zurück auf eine klärende und humorvolle Gesprächsbasis geebnet. Sich einzugestehen, dass wir nicht nur positive Gefühle unserem Partner oder unserer Partnerin gegenüber empfinden, ist anfangs aber alles andere als ein Kinderspiel.

Als kleinen Denkanstoß, dass es ganz natürlich sein sollte, diese unliebsamen Gefühle zu akzeptieren, möchte ich Sie fragen, ob Sie sich selbst immer auf die gleiche Weise erleben. Gibt es nicht Momente, in denen Sie sich selbst einfach unwiderstehlich und reizend finden, sich einfach aus ganzem Herzen lieben? Und Zeiten, da würden Sie sich am liebsten selbst gar nicht kennen – Momente, in denen Sie morgens beim Blick in den Spiegel der Person, die aus dem Spiegel herausschaut, gerne Hilfe beim Zähneputzen anbieten würden? Die österreichische Liedermacherin Stefanie Werger beschreibt das treffend in ihrem Lied *Deswegen steh i so auf mi*, in dem sie singt: „Ich hab's bestimmt ned immer leicht mit mir, bin launenhaft und manchmal unverträglich. Schließlich leb i mit mir z'samm, mein ganzes Leben lang, und dass des guat geht, hoit ma gar net für möglich! … Manchmoi hab i mit mir abgrundtiefe Wickel und red mit mir ka Wort den ganzen Tag. Doch bald erlieg i meinem Charme, weil i mir net lang bös sein kann und weil i mi aus ganzem Herzen mag ..."

Ich denke, ambivalente Gefühle gegen sich selbst sind genauso legitim wie gegenüber dem Herzblatt, solange sie nicht zu sehr der negativen Seite verhaftet sind. Sollte in einer Beziehung die negative Komponente jedoch überwiegen, ist es vermutlich Zeit, deren Sinnhaftigkeit zu überdenken.

Zweiter Mythos: Frauen sind warmherzige Feen, die Kerle Indianer, die keinen Schmerz spüren

Bitte stellen Sie sich folgende Szene vor: Eine Frau in Anzug, die Inhaberin der Firma, sie stürmt in den Besprechungssaal, um ein Briefing abzuhalten, kaum beachtend, was ihr Sekretär, hinter ihr nachhechelnd, zu sagen hat. Sie verlangt knallharte Fakten und Zahlen von den Abteilungsleitern, sonst würde eine Kündigung im Raum stehen oder zumindest der Verlust einer Führungsposition. Nachdem die Chefin den Raum wieder verlassen hat, hört man von den Zurückgebliebenen gemurmelte und gezischte Meldungen wie „frustrierte Jungfrau", „Mannsweib", „Die müsste einmal gescheit ... werden".

Und jetzt bitte ich Sie, folgende Szene zu phantasieren: Ein Mann, dezent geschminkt, frisch von der Maniküre kommend, bricht bei einem romantischen Kinofilm in Tränen aus, sein Make-up endet beim Trocknen der Tränen im rosa Stofftaschentuch. Sicherlich dächten viele: „Das ist ein Warmer." Wobei ich anfügen möchte, dass die Bezeichnung *Warmer* für homosexuelle Männer in meinen Augen eigentlich ein Kompliment ist, da es für die Gefühlswärme steht, die sich diese Männer öfter zugestehen als so mancher heterosexuelle Mann.

Jungen lernen schon sehr früh, dass ihnen nur eine begrenzte Skala von Gefühlen gestattet ist: Aggressivität, Konkurrenzdenken, Wut, Jovialität sowie jene Gefühle, die zeigen, dass man sich selbst unter Kontrolle hat. Und mit zunehmendem Alter dürfen, selbstredend, sexuelle Empfindun-

70

gen dazukommen. Auch Mädchen dürfen nur aus einem bestimmten Repertoire von Gefühlen auswählen, um ihre negative Befindlichkeit auszudrücken – doch während versteckte Aggressionen wie Nörgeln, Quengeln oder Maunzen durchaus frauenspezifische und salonfähige Attribute zu sein scheinen, gelten offene Aggressionen und ein konkurrierendes Kräftemessen als unweiblich. Als ausgleichende Ungerechtigkeit gesteht man Gefühle wie Schwäche, Unsicherheit, Angst, Verwundbarkeit, Zärtlichkeit, Mitgefühl und Sinnlichkeit nur Mädchen zu. Über einen Jungen, der derartige Eigenschaften zeigt, macht man sich mit großer Wahrscheinlichkeit lustig und nennt ihn ein *Muttersöhnchen* oder beschimpft ihn – was könnte es Schlimmeres für einen Heranwachsenden geben – als *Mädchen*. Eine fünfzehnjährige junge Frau, die auf dem Schoß ihres Vaters sitzt, wird liebevoll als *nähebedürftig* und *Schmusekätzchen* bezeichnet. Ein gleichaltriger junger Mann wird belächelt, wenn nicht gar vom Vater von vornherein nicht am Schoß akzeptiert. Oder die beiden rangeln liebevoll miteinander, um das Nähebedürfnis (wahrscheinlich beider) zu kaschieren und gesellschaftsfähig zu machen.

Frauen dürfen auch als Erwachsene ihren Wunsch nach Nähe verbal äußern, was man Männern in den meisten Fällen leider noch immer nicht zugesteht – beziehungsweise gestattet sich mancher Mann diese selbst aus Angst, unmännlich zu wirken, nicht. Es ist in Beratungsgesprächen nicht erst einmal vorgekommen, dass Männer erzählten, sie versuchten oft Sex zu bekommen, wenn sie sich in Wirklichkeit etwas ganz anderes wünschten. Manchmal wäre es weit befriedigender, einfach umarmt zu werden, aber das auszudrücken wäre „unmännlich". Oft müssen sie erst einen kompletten Geschlechtsakt „absolvieren", um umarmt zu werden. Ich möchte dazu die Behauptung aufstellen, dass Männer durch das Festhalten an diesem Gesetz, keine Gefühle der „Schwäche" zeigen zu dürfen, sehr viel versäumen. Sie verpassen dadurch die Gelegenheit, diese sonst verborgenen Gefühle und Eigenschaften – also ihre *Bedürfnisse* – kundzutun und eventuell auch befriedigen zu können. Es entgeht ihnen die Chance, Teile von sich der Partnerin preiszugeben und von ihr besser kennen gelernt zu werden. Und schlussendlich vergeben sie die Möglichkeit, ihrer selbst willen geliebt zu werden, so angenommen, akzeptiert und begehrt zu werden, wie sie sind.

Das entspricht übrigens auch den Erzählungen von Prostituierten, die ich gynäkologisch betreue. Nämlich dass der eigentliche Geschlechtsakt einen Bruchteil der Zeit in Anspruch nehme, für die Männer zahlen. Die restliche Zeit würde für Massagen genutzt oder einfach für ein gemeinsames Daliegen, wobei manche Männer wie kleine Kinder umarmt und gehalten werden möchten. Nicht selten sei es, dass sie ihr Herz ausschütteten, während ihnen in den Haaren gekrault werde. Auch die Besitzerin des Etablissements erzählte mir, dass „ihre Mädchen" gut Deutsch sprechen müssten, da eine noch so hübsche Prostituierte kein Geschäft mache, wenn sich ein Kunde nicht alles, was ihn bedrückt, von der Seele reden könne.

In meiner Praxis versuche ich immer wieder, meine KlientInnen auf die Reaktionen des Partners oder der Partnerin neugierig zu machen, wenn sie bis jetzt zurückgehaltene Gefühle und Eigenschaften ausdrücken. Die größte Angst der Frauen ist „hart und männlich" zu wirken, wenn sie ihre bis dahin verborgenen Eigenschaften und „starken Seiten" ausleben. Sie befürchten, jegliche Weiblichkeit in ihrem

Verhalten zu verlieren und somit für den Partner nicht mehr als Frau attraktiv zu sein. Männer befürchten häufig, ihre „starke" Position zu verlieren und nicht mehr ernst genommen zu werden. Wenn Paare jedoch lernen, sich gegenseitig so zu vertrauen, dass beide situationsabhängig sowohl „stark" als auch „schwach" sein dürfen, erzählen sie immer wieder von einem Zugewinn an Authentizität in der Beziehung. Dadurch hätten sie das Gefühl, dass sowohl der eigene Selbstwert als auch die partnerschaftlichen Gefühle und die Empfindung der Zugehörigkeit gestärkt würden. Zugleich ermuntere ich meine KlientInnen immer wieder, in den sexuellen Begegnungen mit Aktivität und Passivität zu spielen. Das heißt, die Partner können vom einen zum anderen Mal ihre Rollen tauschen, aber auch in ein und demselben Liebesspiel. Die Variationsbreite ist dadurch unendlich und damit kann vermieden werden, dass sich die Routine als Borkenkäfer in den Stamm des Liebeslebens einschleicht. Dieses Tauschen der aktiven und passiven Rolle verhindert, dass die sogenannte partnerbestimmte Sexualität die Herrschaft im Schlafgemach übernimmt. Diese stellt nämlich die Bedürfnisse des Partners oder der Partnerin in den Mittelpunkt der eigenen sexuellen Handlungen und Bemühungen, sodass mit der Zeit die eigenen Wünsche in den Hintergrund rücken. Gibt es hauptsächlich partnerbestimmte Sexualkontakte und werden die jeweiligen Bedürfnisse nicht abgeklärt, bleibe ich einerseits irgendwann auf der Strecke – und die von mir eingesetzten Sexualpraktiken gleichen hellseherischen Aktionen, von denen ich nur hoffen kann, dass es das richtige Kunst(Hand)werk zur richtigen Zeit ist, das mir da gelingt. Achten beide aber mehr auf eine selbstbestimmte Inszenierung, indem man sich einmal aktiv einbringt und dann wieder passiv wartet, was der Partner oder die Partnerin zu bieten hat, hat eine vorhersehbare und langweilige Routine beim Sex kaum eine Chance. Da dieses Abgleichen der sexuellen Bedürfnisse oft nicht leicht ist, schlagen SexualtherapeutInnen gerne Partnerübungen vor. Einerseits geht es darum, zu erkennen, was mir gefällt, wenn ich den anderen oder die andere berühre bzw. wenn ich berührt werde. Was empfinde ich dabei als besonders angenehm, schön, erregend? Wenn ich mir sicher sein kann, dass mein Partner bzw. meine Partnerin bei diesen sexuellen Spielen gut auf die eigenen Empfindungen achtet und mir rückmeldet, wenn Berührungen als unangenehm verspürt werden, dann steht einer selbstbestimmten Sexualität samt dem Spiel mit meinen Stärken und Schwächen nichts mehr im Wege.

Dritter Mythos: Nur Leistung zählt

Spaß beim Sex? Bitte träumen Sie weiter!

Neulich beim Frühschoppen: „Gestern war ich wieder gut drauf. Mein strammer Max hat die ganze Nacht durchgehalten, aber nach ihrem dritten Orgasmus hat mich die Kleine angefleht aufzuhören, weil sie eh schon im Sexhimmel ist."

Und in der Arbeit: „Ich hab da diesen Typ kennen gelernt, der ist echt meine sexuelle Erfüllung – bei dem werde ich zur Tigerin, da komm ich nicht eine Minute dazu, mit den Gedanken abzuschweifen, und feucht bin ich wie eine Sexgöttin!"

Wer von uns würde ebenso stolz erzählen, schon seit Wochen keinen Geschlechtsverkehr mehr gehabt zu haben? Dass es im Augenblick die vollkommene Erfüllung ist, den Partner oder die Partnerin einfach nur zu spüren, die Nähe und die Verbundenheit ohne Sex zu genießen? Wie oft spielen wir einfach nur mit dem Körper des oder der anderen, ohne ein bestimmtes Ziel vor Augen zu haben? Ist das überhaupt „Gewinn bringend", sich einfach nur zu liebkosen, ohne Sex und ohne schlussendlich auch mit einem Orgasmus „belohnt" zu werden? Wie oft kommt uns der Gedanke „Der will sicher schon wieder Sex", wenn wir berührt werden, und deshalb blocken wir die Zärtlichkeiten gleich im Vorhinein ab? Warum trauen wir einander nur zielgerichteten Körperkontakt zu? Warum vertrauen wir nicht darauf, dass unser Schatz einfach nur Wärme spüren will? Gegenseitige Liebkosungen unserer nackten Körper ohne Ausrichtung auf Sex kennen wir kaum. Und wenn wir gerade keine Lust auf Geschlechtsverkehr haben,

lassen wir es erst gar nicht zu solchen Berührungen kommen. Das Resultat ist ein zurückgehaltenes Bedürfnis nach
körperlicher Nähe, was häufig in Frustration endet. Viele
SexualtherapeutInnen raten daher, mit dem Spielen und
den Berührungen schon einmal anzufangen, die Lust käme
dann von allein. Ich möchte ergänzen: Und wenn die Lust
doch nicht kommt, kann man ja genießen, was ist – ohne
Lust oder gar Sex herbeizwingen zu wollen.

Unsere Zielorientierung hat zur Folge, dass wir unfähig
sind, uns auf die Gegenwart zu konzentrieren. Und wenn
wir uns nicht der Gegenwart widmen, können wir sie nicht
genießen. Wir achten nur darauf, was in der Zukunft liegt:
Werden wir beide einen Orgasmus haben? Wird es mir
gelingen, ihn so zu erregen, dass er die ganze Zeit eine
Erektion hat? Werde ich es zustande bringen, sie so zu erregen, dass sie feucht genug ist und wir diesmal kein Gleitgel
brauchen?

Solche Gedanken mögen an den Haaren herbeigezogen
klingen. Doch in meinen Beratungsgesprächen werde ich
immer wieder damit konfrontiert. Diese Ängste stecken in
unseren Köpfen. Wir haben unsere genauen Vorstellungen,
wie Sex abzulaufen hat, und wenn unser Körper nicht wie
eine Maschine funktioniert und klaglos seine Arbeit tut,
besorgen wir Hilfsmittel, um die Technik wieder in Gang
zu bringen. Viagra ist dafür zum Synonym geworden. Seltsam: Bei der Störung einer Maschine schauen wir, was der
Grund dafür ist, und beheben dann diesen Fehler. Wenn
das Auto eine Reifenpanne hat, füllen wir nicht den Tank
auf, um weiterfahren zu können, sondern wir wechseln den
Reifen. Wenn hingegen bei unserem Körper eine psychische Ursache wie beispielsweise Stress zu einer organischen
Störung führt, greifen wir zu physischen Hilfsmitteln, um

ihn wieder funktionsfähig zu machen. Wen wundert es unter diesen Umständen, dass unser Körper irgendwann nicht mehr so mitspielt, wie wir das gerne hätten, wenn wir nicht nach unseren Bedürfnissen handeln, sondern nur leistungsorientiert vorgehen? Sexuelle Funktionsstörungen wie Libidoverlust oder erektile Dysfunktionen sind die logische Konsequenz.

Mit diesem Leistungsmythos verbunden zu sein scheint, dass insbesondere Männer und Frauen im mittleren Lebensalter mich zur Sexualberatung aufsuchen. Hingegen berichten viele Paare im fortgeschrittenen Lebensalter von 65 plus von einer erfüllten Sexualität – ein Alter, in dem es viele Menschen nicht mehr vermuteten. Warum gerade im mittleren Lebensalter? Der Lebensabschnitt zwischen vierzig und Pension ist oft von extremem Leistungsdruck in der Arbeit gekennzeichnet: Körperlich sind wir nicht mehr so leistungsfähig wie mit zwanzig. Das Lernen fällt schwerer. Der Konkurrenzdruck wird größer – wer will schon als Fünfzigjährige eine fünfundzwanzigjährige Vorgesetzte haben? Also rackern wir weiter und sind am Abend ausgelaugt und missgelaunt.

Den Abend mit dem Partner oder der Partnerin einfach zu genießen, sich vor dem Einschlafen aneinander gekuschelt vom vergangenen Tag zu erzählen, dazu kommt man kaum noch. Das Leben ist schließlich keine Schokoladetorte! Nähe? Dann wenigstens mit Sex! Wo bliebe denn sonst die Leistung? Aber selbst das reicht nicht – da gehört noch der Orgasmus dazu, damit es perfekt ist! Die Konsequenz daraus: Wir verwandeln Sex in Arbeit und der Spaßfaktor geht dabei verloren. Dabei sehen wir nicht den großen Stellenwert, den wir der Arbeit ansonsten einräumen, indem wir dafür viel aufwenden. Das heißt, Sex muss so perfekt und so schnell wie möglich hinter sich gebracht werden, damit wir uns wieder anderen, wichtigeren Dingen zuwenden können: dem Beruf, der Hausarbeit, dem Schlaf. Für Sex bleiben, wenn überhaupt, nur wenige Minuten zwischendurch.

Der Mann als Sexcaterpillar – semper et ubique?

Diese verbreitete Einstellung trifft insbesondere auf Männer zu, die glauben, immer und überall funktionieren zu müssen.

Einmal fragten Wolfgang und seine Frau bei mir um einen Termin für eine Sexualberatung an. Wolfgang war 57 Jahre alt, Martha 62. Er war bei einer großen Firma als Haustechniker beschäftigt und wartete die Maschinen, wie Martha stolz erzählte, mit einer Freude und Akribie, die ihresgleichen suchten; er liebte die Herausforderungen an seinem Job, wenn beispielsweise keine Ersatzteile für alte Maschinen aufzutreiben waren und so sein Erfindergeist gefragt war. Doch je näher seine Pension rückte, desto öfter sagte er zu seiner Frau: „Jetzt gehöre ich bald zum alten Eisen. Wenn ich dann in Pension bin, bin ich nichts mehr wert. Keiner wird mehr meinen Rat suchen. Und niemand wird mehr mit kniffligen Aufgaben zu mir kommen, dass ich beweisen kann, was für ein Kerl in mir steckt. Das schlimmste aber wird sein, dass die Nachbarn sicher reden werden: *Schau dir Wolfgang an, der wird auch schon ein alter Tattergreis,* und alle werden denken, dass ich keinen mehr hochkrieg!"

Martha war verzweifelt: „Solche depressiven Anwandlungen hat er seit zirka zwei Jahren."

78

„Ich kann mir gut vorstellen", hakte ich nach, „dass diese Situation für Sie beide sehr schwierig ist. Martha, haben Sie ein Vermutung, warum sich Wolfgang so fühlt?"

Martha überlegte kurz: „Zum ersten Mal war das vor zwei Jahren. Wir haben damals auf einer Geburtstagsfeier ziemlich viel getrunken und dann hatte Wolfgang Erektionsprobleme. Für mich war das überhaupt kein Problem, aber Wolfgang hat sich seither verändert, irgendwie in sich zurückgezogen."

Wolfgang wandte sich daraufhin an mich: „Wissen Sie, ich habe einfach Angst, dass ich irgendwann nicht mehr funktioniere. Ich habe eh schon das Gefühl …", er zögerte, deutete ein wenig verschämt zwischen seine Beine, „… dass *er* nicht mehr so steif wird wie früher. Und wenn er beim Sex dann letschat wird, bete ich nur noch, dass ich durchhalte, bis Martha kommt."

Martha schaute ihn lange an und schüttelte langsam den Kopf. Sie sagte in zärtlichem Ton: „Ach, Goldbär, das sind also die Momente, in denen ich das Gefühl hab, du reparierst eine Maschine!"

Dieses Beispiel von Wolfgang und Martha zeigt, dass noch immer die Vorstellung durch unsere Köpfe geistert, dass der Mann wie eine Sexmaschine immer und überall, zu jeder Zeit, an jedem Ort und mit jeder Partnerin können *muss*. Egal ob in der Umkleidekabine im Kaufhaus oder auf der unwohligen Geruch verbreitenden Bahnhofstoilette: Ein Knopfdruck – und Lust und Erektion springen an!

Erst als ich mich mit diesem Mythos, mit dem Leistungsdruck im Bett, näher auseinandersetzte, verstand ich: Pornopenisse sind ständig in Aktion, pochen, springen hervor und pulsieren. Würden sie sich Ruhephasen gönnen, könnte es sein, dass sie ihren Einsatz versäumen oder gar verschlafen. Und tatsächlich erwarten wir auch *in natura* von unserem Partner fast Unmögliches, nämlich dass er noch *vor* Beginn der sexuellen Handlung eine Erektion hat. Männer wurden so erzogen, dass sie sich von widrigen Umständen nicht abschrecken lassen. Sie beißen die Zähne zusammen, räumen Hindernisse aus dem Weg oder finden andere Möglichkeiten, Schwierigkeiten zu beseitigen. Sie sind lösungsorientiert!

Das mag im Berufsleben häufig funktionieren, in der Sexualität versagt es, denn je mehr man sich anstrengt, desto weniger Freude und Erregung kommt dabei raus. Doch viele Männer glauben, dass sie für ihre Erregung selbst zuständig sind und dass sie den Geschlechtsakt mit einer Erektion beginnen müssen. Sie halten das für normal. Eine Erektion infolge einer direkten Stimulierung durch die Frau wird gelegentlich sogar als Schwäche ausgelegt.

Das Tragische an solchen Ansprüchen ist, dass damit dem Mann die ganze Verantwortung für die Befriedigung der Partnerin zukommt. Wenn diese nicht wenigstens einen Orgasmus hat, fühlt er sich schuldig und unzulänglich. Und da ihm, wie wir nun wissen, beigebracht wurde, dass ein *richtiger Mann* alles weiß und kann, widerstrebt es ihm, die Partnerin zu fragen, was er tun könnte, um ihr zu einem Orgasmus zu verhelfen.

Aber auch wir Frauen haben diesen Leistungsmythos verinnerlicht. Wir geben uns diesem Mythos so hin, dass wir umgehend an unserer Attraktivität zweifeln, wenn sich bei unserem Partner bei unserem Anblick nicht gleich sein „bestes Stück" aufrichtet. Eine weitere logische Konsequenz von diesem Festhalten am Leistungsmythos ist, dass wir dem Mann einen Orgasmus vorspielen, um ihm ja nicht das Gefühl zu geben, er hätte versagt, wenn wir keinen Höhepunkt erreicht haben.

Vierter Mythos: Guter Sex klappt von alleine

Sex ist nichts, was gelernt werden muss – man kann's einfach

Das Phantasiemodell – die Welt der Pornografie – lehrt, dass Sex etwas ganz Natürliches ist. Man kann es, sozusagen, von Natur aus! Über Sex zu sprechen, Techniken zu erlernen oder nach Wegen zur Verbesserung zu suchen, wird in aller Regel als nicht notwendig angesehen.

Doch aus Erfahrung wissen wir, dass der Mensch alle Fertigkeiten erlernen muss. Als Kleinkind müssen wir selbst das Gehen lernen, aber das bedeutet nicht, dass wir als Erwachsene auch einen Marathon laufen können, das muss wieder extra trainiert werden. Und auch wenn wir während unserer langen Kindheit die Sprache und das Sprechen erlernen, so ist Kommunikation doch eine Kunst. Wie oft gehen wir aus Gesprächen und denken uns: „Wieso war ich da nur zu wenig spontan, es wäre doch viel treffender gewesen, hätte ich dieses oder jenes gesagt …" Oder es entwickelt sich ein Streit, den wir mit einer zielführenden Diskussion hätten verhindern können. Nur im Zusammenhang mit Sex und Leidenschaft meinen wir, kein Training zu benötigen und nicht üben zu müssen. Doch die Wahrheit lautet: Auch sexuelle Fertigkeiten müssen erlernt werden. Nur meistens vergessen wir, wenn wir eine Fertigkeit erlernt haben und sie in Fleisch und Blut übergegangen ist, wie mühsam dies war.

Sie verzeihen, wenn ich das mit dem Autofahren vergleiche. Können Sie sich noch an Ihre ersten Fahrstunden erinnern? An den Stress beim Koordinieren von Kuppeln,

Schalten, Bremse auslassen und langsam Gas geben, allein um das Auto vom Fleck zu bewegen? Doch irgendwann ist das so normal, dass uns dieses schwierige Multitasking gar nicht mehr bewusst ist; wir steigen einfach ein und fahren los. Jetzt haben Sie vielleicht gedacht: Eben. Und beim Sex ist das genauso, das geht automatisch.

Tut es aber nicht! Wir praktizieren Sex so, als wären wir schon Hunderttausende Kilometer gefahren – ohne je eine einzige Fahrstunde genommen zu haben. Wir kennen keine Verkehrstafeln, missachten Vorfahrtsregeln und ignorieren Geschwindigkeitsbeschränkungen. Wer sich so verhält – freilich unwissentlich –, ist schnell mit „verkehrsfreien Zonen" konfrontiert, weil der Partner oder die Partnerin weitere Regelverletzungen verhindern will.

Vielleicht würde sich Ihre Frau über die Stimulation ihrer Brüste freuen? Aber bitte nicht so hantieren, als wären Brustwarzen Startknöpfe, an denen man herumdreht. Wahrscheinlich würde Ihr Mann ein zartes Schaben mit den Zähnen an der Eichel als prickelnd empfinden – aber nicht minutenlang und mit einer Intensität, die einem Peeling mit Sandstrahleffekt gleicht.

Mancher Leser, manche Leserin mag jetzt denken: *Meixner, was Sie da reden, ist mir ja komplett klar. Nicht umsonst habe ich zahlreiche Ratgeber gelesen und Filme angeschaut.* Dann möchte ich Ihnen mein Kompliment aussprechen, ich freue mich immer, wenn ich in Beratungssitzungen bemerke, dass sich PartnerInnen bemühen, mehr über den Körper und die Physiologie der Sexualität zu lernen, um sich gegenseitig Gutes zu tun.

Oft mache ich die Erfahrung, dass Menschen zwar nach Tipps suchen, wie sie sich gegenseitig sexuelle Erfüllung bringen können: Sie lesen Bücher, lauschen Vorträgen und fragen bei ÄrztInnen und TherapeutInnen um Rat. Doch sie fragen nicht jene Person, die am besten Antwort geben könnte – den Partner oder die Partnerin selbst. Was dadurch zu kurz kommt, ist die Gestaltung des Liebeslebens nach den eignen Wünschen und den individuellen Bedürfnissen beider.

Am Ende eines Vortrages über Sexualität, den ich mit dem Aspekt des Mythos der Spontaneität und Natürlichkeit in der Sexualität abgeschlossen hatte, kam eine Dame aus dem Publikum auf mich zu. Mit ihren blitzblauen Augen in dem freundlich wirkenden rundlichen Gesicht, das von wunderschönen schneeweißen Locken gesäumt wurde, strahlte sie mich an und fragte, ob ich sie noch kennen würde.

Ich schaute die Frau an, sie war rüstig, etwa Mitte siebzig, dann scannte ich in Gedanken alle Bekannten durch. Schließlich entschuldigte ich mich, dass ich sie im Moment nicht zuordnen könne, obwohl sie mir bekannt vorkomme.

Ihre Augen blitzten schelmisch: „Kein Problem, wenn du mich nicht mehr kennst. Ich gebe dir einen kleinen Tipp: Vor 25 Jahren warst du fast jeden Samstagabend Stammgast in meiner Speisekammer." Sie beobachtete mich und begann zu lachen.

Zeitgleich mit einer blitzartigen Errötung meines Gesichts kamen die Erinnerungen wieder. Diese nette alte Dame war Franzi, die Mutter eines damals guten Bekannten. Immer wenn ich mit ihm am Samstagabend durch die Discos gezogen bin, landeten wir zum Abschluss in der Speisekammer seiner Mutter, um der Familie die wohlschmeckende Kalorienbelastung der sonntäglichen Nachspeise zu ersparen. War ja quasi eine Handlung aus Nächstenliebe. Trotzdem war es mir in diesem Moment im Vortragssaal peinlich, nach fünfundzwanzig Jahren noch ertappt zu werden. Als ich anfing, Entschuldigungen zu stammeln, unterbrach mich die Franzi belustigt und sagte: „Das mit der Nachspeise war überhaupt kein Problem. Aber warum hast du mir nicht schon damals erzählt, wie das mit der Sexualität funktioniert?"

Auch da nur eine perplexe Entschuldigung meinerseits, dass ich das alles in meiner Jugend selbst noch nicht gewusst hätte.

Franzi antwortete zufrieden grinsend: „Macht ja nichts, mein Mann war eh ein Naturtalent – aber gegen das erwähnte Training hätte ich auch nichts gehabt."

Körperkontakt → Sex → Erektion → Geschlechtsverkehr

Schon im 13. Jahrhundert wollte der deutsche Kaiser Friedrich II. in einem ethisch höchst verwerflichen Experiment Babys ohne Ansprache und körperliche Berührung aufziehen lassen, um so herauszufinden, in welcher Sprache sie zu sprechen beginnen würden. Sie wurden auf Distanz zu anderen Menschen gehalten und ohne jegliche Ansprache gefüttert. Das erschütternde Ergebnis: Die Kinder starben! Die Quintessenz: Körperliche Nähe und Zuwendung sind für Kinder lebensnotwendig, neben Umarmen und Streicheln ist schon der simple Körperkontakt als Signal der Liebe wichtig.

Und heute? Neuere Studien zeigen, dass Eltern ihre Kinder häufig nur noch beim Anziehen der Kleider und anderen Routinehandlungen berühren. Dass aber ein liebevoller Körperkontakt, wie zum Beispiel das Kind im Nacken oder am Rücken zu kraulen, mit seinen Haaren zu spielen oder die Füßchen zu streicheln, immer seltener wird.

Sind solche Ergebnisse nicht verstörend? Freuen wir uns nicht alle selbst über eine kurze Berührung am Arm durch eine geliebte Person, während wir über den Schreibtisch gelehnt unsere Akten wälzen? Schließen wir nicht genießend die Augen, wenn unser Partner oder unsere Partnerin sanft unsere Schultern massiert? Ich wage gar zu behaupten, dass diese kleinen Berührungen zu den Ausläufern des sexuellen Vor- oder Nachspieles zählen.

Unsere freizügige abendländische Kultur scheint auf Sex fixiert zu sein, was uns von den Medien auch so suggeriert wird, tatsächlich geht es uns jedoch um simplen Körperkontakt – um Haut, Wärme, Spüren.

Dass es sich hierbei wirklich um ein Problem unserer Kultur handeln könnte, möchte ich mit dem folgenden persönlichen Erlebnis unterstreichen. Als 23-jährige Studentin lernte ich während eines Tunesienurlaubs die Gastfreundschaft einer arabischen Familie kennen. Eines Tages lud mich die 19-jährige Tochter Mariam ein, mit ihr in den Hammam zu gehen.

Unsere Kleider gaben wir in einem Vorraum bei der Badewärterin ab und gingen, in ein Badetuch gehüllt, in den ersten großen Gemeinschaftsraum des orientalischen Badehauses. In der Mitte des Raumes war eine zirka fünf mal fünf Meter große, kniehohe, warme und glatte Steinplatte. Auf diesem Stein saßen sieben Frauen und fünf Kinder, die Erwachsenen hatten ein Handtuch als Schurz um die Taille gebunden, ihre Oberkörper waren nackt. Die Frauen massierten sich gegenseitig mit duftenden Ölen den Nacken oder Rücken sowie Arme und Beine und kämmten sich gegenseitig die Haare. Eine Frau färbte einer zweiten die Haare mit Henna, während einer anderen mit Henna auf Hand- und Fußflächen ein Muster gemalt wurde. Das war für mich eine vollkommen neue Situation – ich war von meinen Saunabesuchen in Österreich diese Nähe zwischen Frauen nicht gewöhnt, freute mich aber zu sehen, wie natürlich der Umgang der fast nackten Frauen miteinander war. Mariam, die außer Arabisch nur Französisch sprach – leider hatte ich in der Schule Russisch statt Französisch gewählt –, führte mich in einen kleineren Raum, der sehr niedrig und warm war, mit einer Luftfeuchtigkeit wie in einer Dampfkammer. Auch diese kleine Grotte war an den Wänden mit Steinbänken gesäumt, und Mariam deutete mir, nachdem sie die Steinbänke mit Wasser abgespült hatte, dass ich es mir auf einer bequem machen solle, während sie sich gegenüber hinlegte. Ich mag eine Viertelstunde gelegen sein, als Mariam aufstand, um den Raum zu verlassen, zuvor gab sie mir noch zu verstehen, dass ich liegen bleiben möge. Kurz darauf kam sie zurück in die Grotte, bewaffnet mit Bürsten und Waschlappen, die sie neben mich legte. Als ich dankend zugreifen wollte, schüttelte sie den Kopf und deutete mit dem rechten Zeigefinger auf sich. Meiner kleinen Enttäuschung, weil das Ganze nicht für mich bestimmt war, folgte Erstaunen: Mariam zog sich einen rauen Waschhandschuh über und begann, mich von Kopf bis Fuß abzuschrubben. Wollte ich einen Arm heben oder irgendwie selbst aktiv werden, gab sie mir zu verstehen, dass ich mich entspannen solle. So schrubbte sie mich von oben bis unten ab. Als ich mich revanchieren wollte, schüttelte sie erneut den Kopf, verließ den Raum und kam kurz darauf mit einer Frau herein, die mir in gebrochenem Englisch zu erklären versuchte, dass sie eine Freundin von Mariam sei. Dann führte diese Freundin bei Mariam die Waschung durch.

Dieses Erlebnis hat sich fest in mein Gedächtnis ein-gebrannt. Ich kannte diesen natürlichen Umgang mit Nacktheit seit meiner Kindheit nicht mehr. Nicht, dass ich prüde erzogen worden wäre, im Gegenteil, Nacktheit war in meiner Familie durchaus etwas Natürliches. Aber seit der Pubertät hatte ich, außer mit meinen Geliebten, nackt keine Berührungen mehr mit Familienmitgliedern oder Freundinnen ausgetauscht. Dieser Umgang mit „berührender Nacktheit" ohne sexuelle Intention war für mich ein prägendes Erlebnis, das mir damals zum ersten Mal vor Augen führte, wie sexuell fixiert unsere westliche Gesellschaft ist.

Als ich kurze Zeit später wieder in Österreich war, beschloss ich zu experimentieren, wie viel Körperkontakt erlaubt wäre. Ich strich Johannes, einem Studienkollegen, mit dem ich öfter gemeinsam lernte, anerkennend über die Schulter, wenn er ein neues Kapitel ohne Fehler reproduzie-ren konnte. Und meiner Freundin Susanne bot ich vor dem gemeinsamen Fernsehen an, ihr den Nacken zu kraulen.

Und, welchen Effekt hatte mein Experiment? Tja. Johan-nes musste die gemeinsamen Lernstunden absagen, weil er seiner Freundin von diesen gelegentlichen Berührun-gen erzählt hatte. Und Susi fragte mich eines Abends, ob ich eigentlich lesbisch oder zumindest bi sei. In diesem Moment war mir der tiefere Sinn des Ausspruchs „Wenn du heiratest, wird es wieder gut" klar. Die Ehe oder auch jede andersartige sexuelle Beziehung ist wohl der einzige Hafen, in dem es Erwachsenen erlaubt ist, sich zu berühren. Und wir alle kennen die heilsame Kraft von Berührungen.

Auch mit den „erlaubten" Berührungen in der Kindheit ist es nicht ganz so simpel. Da gibt es geschlechtsspezifische Unterschiede. Mädchen dürfen eher als Jungen ihren Wunsch nach Körperkontakt ausdrücken. Sie dürfen noch in einem Alter auf dem Schoß von Papa sitzen, in dem das den starken Indianern längst nicht mehr gestattet ist. Sie dürfen als Pubertierende auf der Straße händchenhaltend spazieren gehen, was bei Jungen zu großem Gelächter führen würde Doch so lernen Mädchen zwischen ihrem Bedürfnis nach Sex einerseits und dem Bedürfnis nach Unterstützung, Zuwendung, Bestätigung, Zugehörigkeit etc. andererseits zu unterscheiden.

Das heißt aber nicht, dass sie später als erwachsene Frauen mit Sexualität umgehen können. Ich erlebe bei der Sexualberatung immer wieder, dass Frauen ihre Bedürfnisse vor und nach dem Sex kennen, dass sie aber selten wissen oder auch artikulieren können, was sie *während* des Liebesspiels wollen. Dieses Unvermögen, die eigenen sexuellen Wünsche zu erkennen bzw. auszudrücken, sehe ich als Resultat unserer Erziehung.

Zu meiner Freude treffe ich immer häufiger junge Frauen um die zwanzig, die ihr Selbstbewusstsein stärkend erzogen wurden, die es wagen, ihre Wünsche zu äußern, und die auch in der Sexualität selbstbestimmt sind. Bei älteren Frauen ist es bis heute unüblich, zu sagen, was *frau* gerne hätte.

Bei den Burschen ist es genau umgekehrt: Für sie ist es legitim und geradezu männlich, sexuelle Bedürfnisse zu haben. Umgekehrt wird der Wunsch nach einfachem Körperkontakt, nach Nähe, Wärme oder dem Gefühl, sich fallen lassen zu dürfen, als unmännlich gesehen. So haben viele Männer schon in jungen Jahren durch gesellschaftliche Normen verlernt, das Bedürfnis nach Nähe von dem Verlangen nach Sex zu unterscheiden.

Der Preis dafür ist hoch: Da Nähe gleichsam als „Abfallprodukt" beim Sex anfällt, verlangen sie nach Sex, obwohl ihnen unbewusst nach Nähe ist. Viele Frauen, die vom permanenten Verlangen ihrer Männer nach Geschlechtsverkehr überfordert sind, verweigern beides: sowohl den Sex als auch die Nähe.

Der amerikanische Sexualtherapeut Bernie Zilbergeld beschreibt diesen Umstand sehr schön mit folgendem Beispiel: Einer der Klienten ging an dem Tag, als seine Mutter starb, zu einer Prostituierten, weil er das Bedürfnis nach Geborgenheit und Nähe, das er durch den Verlust seiner Mutter spürte, nicht anders befriedigen konnte als durch Sex. Das schlechte Gewissen seiner Frau gegenüber, weil er zu einer Prostituierten ging, brachte den Mann zu Zilbergeld. Erst mit der Hilfe des Therapeuten lernte der Mann seine Bedürfnisse nach Nähe und nach Sexualität zu unterscheiden.

Auch mir begegnet in den Therapiesitzungen immer wieder Ähnliches. Dieses Verwechseln des Bedürfnisses nach Sexualität mit jenem nach Körperkontakt führt dazu, dass jegliche intime Berührung, und sei sie noch so gering, als Vorspiel verstanden wird. Eine Situation, die wahrscheinlich viele von uns kennen: Die Frau liegt mit dem Angebeteten im Bett und will bloß kuscheln, sie schmiegt sich an ihn und er beginnt sogleich mit der Genitalstimulation. Egal ob seine Motivation war *Jetzt will sie schon wieder Sex – na dann bring ich's halt hinter mich* oder *Juhu, die Spiele sind eröffnet.* Die Geste selbst, die Genitalstimulation, führte zu einem abrupten Ende der Aufführung und die wenig Nähe verheißende „Du-a-Stellung" siegte.[2]

---

2 Zur Erklärung des Ausdrucks „Du-a-Stellung" siehe das Wörterbuch „Waldviertlerisch – Hochdeutsch" am Ende des Buches.

In der Pornografie fehlt jegliche Art körperlicher Zuneigung, die nicht zum Sex führt. Berührungen werden nicht
als angenehm gesehen, sie sind nur nützlich, um den Weg
zu einem vermeintlich großartigen Ereignis zu ebnen.
Oft ist es auch im realen Leben so. Küsse, Umarmungen,
manuelle oder orale Stimulation können wunderschön
sein, werden aber nur als Vorbereitung für den eigentli-
chen Geschlechtsakt gesehen. Nur selten gibt es Paare, die
sich darauf geeinigt haben, dass Körperkontakt zu Sex und
zu Geschlechtsverkehr führen *kann*, aber *nicht muss*. Sie
wissen um den Vorteil, die eigenen Bedürfnisse zu kennen
und zu kommunizieren, bevor unausgesprochene Missver-
ständnisse eine beziehungstechnische Tragödie einleiten.

Apropos Tragödie! Eine Erektion wird von vielen als Selbstverständlichkeit angesehen, sozusagen als das Fundament
der Sexualität. Ja, für so selbstverständlich, dass nicht einmal Sexspiele ohne Erektion denkbar sind. Wer möchte
schon Sex haben, ohne jederzeit zur Sache schreiten zu
können? Wenn aber die Erektion einmal ausbleibt, dann
wird die Aufführung sogleich abgebrochen und ein Trauerspiel eingeleitet.

Das Trauerspiel ist eine gute Möglichkeit, sich gegenseitig den Tag oder sogar mehrere Tage zu versauen. Vorwürfe
sollen häufig nur von dem „Missgeschick" ablenken. Meldungen unter der Gürtellinie führen zu einem lautstarken
Abwehrkampf.

Er: „Wie kann er mir stehen, wenn du auseinandergehst
wie ein Germteig und sich der Zeiger auf der Waage dreimal im Kreis dreht, bevor er still steht?"

Sie: „Was soll ich tun außer essen, wenn du nie zu Hause
bist? Der Sportplatz ist eh schon dein Hauptwohnsitz."

Das Gute an solch einer nicht vorhergesehenen Änderung der gewohnten Inszenierung „Sexualität" ist, dass man sich wochenlang die Lust auf Nähe verderben und somit den anderen vom Leibe halten kann. Manchmal endet der Abwehrkampf aber auch mit Selbstvorwürfen, wodurch sich die Beteiligten auch wieder elend fühlen.

Würden wir von der Ansicht abkommen, dass Sexualität gleich Geschlechtsverkehr ist und daher immer eine Erektion vorhanden sein muss, könnten wir mit manuellen oder oralen Spielereien beginnen und vielleicht würde die Erektion dann ganz ohne Druck von alleine folgen. Schließlich ist es egal, ob es durch Geschlechtsverkehr, durch orale Stimulation oder von Hand zur sexuellen Erregung kommt. Glücks- und Bindungshormone werden in allen Fällen ausgeschüttet.

Ich durfte vor einiger Zeit ein humorvolles Paar Mitte fünfzig beraten. Erwin hatte aufgrund von Medikamenten gegen seine Herzerkrankung Erektionsprobleme bekommen. Seinen folgenreichen Entschluss, nun mit dem Ende der früher stets vorhandenen Erektion eine sexfreie Epoche einzuläuten, wollte Luise allerdings nicht akzeptieren. Sie überredete Erwin dazu, eine Beratungsstunde bei mir in Anspruch zu nehmen, um sich über Alternativen zum „reinen" Geschlechtsverkehr zu erkundigen. Als ich meine Ansicht dargelegt hatte, nämlich dass nicht nur Geschlechtsverkehr Sex bedeutete, fragte mich Luise, ob sie korrekt verstanden habe, dass Glückshormone wie Endorphine und Serotonin auch beim Schokoladeessen, Tanzen und Laufen ausgeschüttet würden.

Ich nickte.

Darauf schaute sie Erwin schelmisch lächelnd an und meinte: „Schau, da haben wir die Lösung! Funktioniert es einmal nicht, können wir uns ja mit unseren Körpern spielen. Wenn das mit der Zeit zu anstrengend wird, haben wir genügend Alternativen, damit wir zu unseren Glückshormonen kommen. Hauptsache wir sind uns nahe, unternehmen gemeinsam etwas und haben Spaß."

Bei meinen Vorträgen vergleiche ich Sex gern mit einem Theaterstück. Die beiden Hauptdarsteller sind die Erektion und die Lubrikation, wie man die Gleitfähigkeit der Scheide bezeichnet, die bei sexueller Erregung durch Sekrete bewirkt wird. Doch – oh Schreck, was machen, wenn einer der beiden Stars krank ist? Da gibt es mehrere Möglichkeiten: Erstens könnte das Stück an diesem Abend abgesagt und auf einen späteren Zeitpunkt verschoben werden. Zweitens: Ein anderes Stück wird aufgeführt, beispielsweise das zum Verderben der Laune früher bereits geprobte Trauerspiel mit der „Du-a-Stellung" zum Schluss. Und drittens erwähne ich in den Vorträgen meine Lieblingsvariante: Zu improvisieren und das Theaterstück mit der Zweitbesetzung aufzuführen, nicht selten würde man so neue Stars entdecken.

Als ich einmal an dieser Stelle meines Vortrags angelangt war, vernahm ich aus dem ansonsten mucksmäuschenstillen Auditorium eine Frauenstimme: „Das mit der Zweitbesetzung funktioniert nicht, das hab ich schon ausprobiert, aber mein Mann erlaubt mir keinen Liebhaber!"

Schallendes Gelächter erfüllte den mit zweihundert Menschen gefüllten Saal.

Ich erklärte, mein eigenes Lachen unterdrückend, dass ich gar nicht zu Außenbeziehungen anregen wollte, sondern von Fingern, Zunge oder auch – im Falle der zu geringen Lubrikation – von Gleitgel redete. Mir war es wichtig, dieses Missverständnis sofort aufzuklären, da ich meinem Publikum immer rate, meine Aussagen für sexuelle Small-talks zu gebrauchen und nach dem Motto „Du, die Meixner hat gesagt …" neue Ideen in Beziehungen einzubringen. Das Risiko, dass diese Dame zu Hause bei der nächsten fehlenden Erektion ihres Mannes sagte: „Du, die Meixner hat gesagt, dass ich zum Nachbarn als deine Zweitbesetzung gehen soll, wenn er dir nicht steht", wollte ich jedoch nicht eingehen.

Viele Paare, denen es gelingt, die gedankliche Fixierung auf *Sex = Geschlechtsverkehr = Erektion* abzulegen, berichten, dass eine Erektion umso häufiger auftritt, je weniger Bedeutung ihr beigemessen wird und je weniger es beim Sex darauf ankam, ob eine Erektion vorhanden war oder nicht.

Wird Sex besser, je länger er dauert?

Eine weitere Frage in diesem Zusammenhang, die viele Menschen verunsichert: Wächst auf der Zielgerade zum Orgasmus die Leidenschaft wirklich immer mehr an und wird der Sex dadurch besser?

In der pornografischen Literatur und in Pornofilmen, und auch in unseren Köpfen, wird der Eindruck erweckt, dass beim Sex Erregung und Leidenschaft stets anwachsen müssen – und damit auch die körperlichen Reaktionen. Wir erwarten, dass der Fluss des Liebessaftes bei der Frau nie verebbt, egal wie lange der Geschlechtsverkehr andauert und trotz der steten Reibung, die nach physikalischen Gesetzen zu einer Austrocknung führen müsste. Müssten wir beim Geschirrabtrocknen fünfzehn Minuten lang rubbeln, bis ein Teller endlich trocken ist, wären wir stinksauer. Ist aber die Scheide nach fünfzehn Minuten Reibung durch den Penis trocken, sind wir auch stinksauer! Das passt doch nicht zusammen: Wir können vom Prinzip der Reibung nicht erwarten, dass es denkt und selbst weiß, in welchem Zusammenhang eine Trocknung erwünscht ist und wann nicht. Genauso erwarten wir beim Mann, dass das Ausmaß der Erektion immer stärker wird, je länger der Sex andauert. Egal ob der Geschlechtsverkehr einige Minuten oder ein paar Stunden dauert: Die Erregung muss stets gesteigert werden.

Solche Erwartungshaltungen sind Unsinn! Sie widersprechen der psychologischen Tatsache, dass Aufmerksamkeit und Konzentration nicht über lange Zeit auf hohem Niveau gehalten werden können. Das Gleiche gilt für die sexuelle Erregung und für körperliche Reaktionen wie Erektion und Lubrikation: Beide können während einer sexuellen Begegnung anschwellen bzw. sich verstärken und dann wieder nachlassen, ohne dass es von äußeren Faktoren wie der Art der Stimulation durch die Partnerin oder den Partner abhängt. Was dabei jedoch eine Rolle spielen kann, sind das Alter (wobei die Jugend mit ihrer Standfestigkeit auftrumpfen kann) und die Dauer der Beziehung.

In einer jungen Beziehung braucht es nicht so viel Zutun wie in einer längeren, um die Erregung aufrecht zu erhalten. Ansonsten sollten wir uns mit dem Gedanken anfreunden, beim Liebesspiel gelegentlich eine Pause einzulegen und dann zu entscheiden, ob der Geschlechtsverkehr weitergeführt wird. Früher versuchte ich in meinen Vorträgen diese physiologischen und psychologischen Zusammenhänge mit folgender Frage an das Publikum zu verdeutlichen: „Wer es schafft, einen ganzen Rosenkranz zu beten, ohne auch nur einmal mit dem Gedanken abzuschweifen, der möge bitte die Hand heben."

Ich hatte im Laufe der Jahre diese Frage sicherlich mehreren Tausend Leuten gestellt … aber nichts! Niemals war auch nur eine Hand in die Höhe geschnellt.

Als ich einmal, wie gewohnt, meine These wieder bestätigt glaubte, entdeckte ich zu meiner Überraschung im Auditorium tatsächlich eine erhobene Hand. Der Zuhörer konnte der Kleidung nach ein Geistlicher sein. Er sagte: „Ich kann das schon. Und ganz ehrlich, ich bin froh, dass ich diese Fertigkeit erwerben konnte und mich nicht mit dem herumschlagen muss, was Sie die ganze Zeit erzählen!" Er war tatsächlich ein Geistlicher!

Wie sollen wir also damit umgehen, wenn man vor Lust bebt und die Leidenschaft in jeder Faser des Körpers spürt, aber die körperlichen Reaktionen wie Erektion und Lubrikation ausbleiben?

Auf jeden Fall sollten wir uns bewusst werden, dass es sich um zwei getrennte Systeme handelt, die wir nicht verwechseln sollten: Das eine sind unsere Gefühle, das andere physiologische Reaktionen. Dann würden wir vielleicht nicht nur unserer Erregung, sondern auch unseren Körpern eine Ruhephase gönnen, die Nähe genießen und die Zeit mit anderen netten Zweisamkeiten füllen. Endorphine werden schließlich nicht nur beim Sex ausgeschüttet, sondern auch beim Lachen – oder beim Essen von Schokolade. Warum nicht einfach kuscheln und streicheln, in lustigen Situationen schwelgen, gemeinsam lachen, Schokolade essen und warten, ob sich die Lust auf die Fortsetzung des Liebesspiels noch einmal einstellt?

Und wenn nicht? Dann hat man auch gewonnen – an körperlicher Nähe und eine gemeinsame intensive Zeit.

Ich möchte damit einer guten Erektion und der Gleitfähigkeit der Scheide nicht den Wert absprechen. Wie schon mehrmals gesagt: Guter Sex ist auf Dauer nichts, was einem von alleine in den Schoß fällt, man muss sich schon Mühe geben.

Ich möchte auch nicht bestreiten, dass Frauen beim Sex viel von Männern verlangen. Aber was sie wollen, hat nichts mit größeren Penissen, häufigeren Erektionen oder Orgasmen zu tun, die einer den Verstand rauben. Nein, es ist viel simpler: Frauen verstehen unter erfüllter Sexualität, dass Männer in die Beziehung genügend Zeit, Aufmerksamkeit und Verständnis einbringen. Das ist es!

Wir würden uns weniger unter Druck setzen, wenn wir nicht so sehr auf die körperlichen Reaktionen achteten, sondern das Liebesspiel um seiner selbst willen schätzten, egal ob es mit einem Orgasmus endet oder nicht. Aber *ich weiß, dass die Aussage, dass Ruhephasen den Genuss und die Erregung letztlich stärker steigern können als das verbissene Streben nach permanenter Erektion, befremdlich wirkt und auf Widerstand stößt.*

Ich kann mich noch gut an das mitternächtliche Gespräch mit Erik erinnern, den ich nach vielen Jahren auf der Geburtstagsfeier einer Freundin wiedertraf. Ich kannte Erik seit meiner Sturm-und-Drang-Zeit. Wir hatten mit unseren Motorrädern gemeinsam die Gegend erkundet und während der Pausen über Gott und die Welt und somit auch über Sex diskutiert. Erik hatte immer behauptet, dass er sein Leben viel zu sehr genieße, um in einer einzigen Beziehung alt zu werden. So war er stets auf der Suche nach der perfekten Frau, der perfekten Beziehung, dem perfekten Sex gewesen. Nur unter dieser Voraussetzung hatte er sich eine dauerhafte Zweisamkeit vorstellen können. Als sich mein Leben aufgrund meines Medizinstudiums zunehmend nach Wien verlagerte, verloren wir uns aus den Augen. Jahre später stand er mir auf der Geburtstagsfeier meiner Freundin also wieder gegenüber. Und wie das so mit alten Freunden ist, setzten wir unsere Gespräche fort, als hätte es keine jahrelange Unterbrechung gegeben. Wir sprachen wieder über Gott und die Welt und somit auch über Sex. Ich wetterte, wie so oft, gegen den Leistungsdruck unserer Zeit und dass dieser auch beim Sex vorherrsche. Deutlich würde das in der Pornografie, die den Eindruck vermittle, dass die Erregung mit jeder Sekunde steige und der Sex immer besser würde. Erik schaute mich ungläubig an: „Meinst du das ernst? Ist das nicht so?" Er schaute nachdenklich drein: „Ich beneide immer die Männern in den Pornos, da geht siebzig Minuten lang die Post ab, ohne Pause, das könnte ich auch gerne!"

Ich grinste.

Er starrte das Glas vor sich an, als versuche er, es zu hypnotisieren, schließlich setzte er fort: „Immer wenn die Kamera von einer Szene zur anderen schwenkt oder von einem Pärchen zum anderen, haben die Männer eine stärkere Erektion und die Frauen sind glitschnass. Und das Gestöhne wird auch immer lauter. Ich habe das immer für bare Münze genommen und gedacht, dass mit der Dauer und mit der steigenden Erregung der Sex immer besser wird. Und du behauptest jetzt, das stimmt nicht."

„So ist es!", erwiderte ich: „Wie du schon sagst: Von einem *Kameraschwenk* zum anderen. Das ist Film!" Erik musterte mich mit gerunzelter Stirn, um herauszufinden, ob ich das ernst meinte. Ich legte daher noch einen drauf: „Glaubst du nicht, dass auch Pornopenisse Ruhepausen brauchen, um in der nächsten Szene wieder lustig drauf zu sein?"

Nach ein paar schweigsamen Sekunden meinte Erik: „Du desillusionierst mich gerade. Ich habe immer gedacht, das ist normal so: Dass die Erregung bis zur Explosion ansteigt. Andererseits, ...", und jetzt huschte ein kurzes Lächeln über das Gesicht, „ist das auch erleichternd. Ich habe schon Zweifel an mir gehabt, dass ich im Bett nicht gut genug bin."

Wir redeten noch stundenlang über andere Themen, beim Abschied waren wir uns einig, wie angenehm es für uns beide war, endlich wieder einmal viel Zeit miteinander verbracht und geplaudert zu haben.

Nach ein paar Monaten trafen wir uns zufällig beim Einkaufen. Er erzählte mir, dass er kurz nach unserem Gespräch eine fast perfekte Frau kennen gelernt habe. Und seit er nicht mehr den Anspruch habe, nach steigender Erregung und nach noch besserem Sex zu suchen, empfinde er auch den Sex als fast perfekt. Dann grinste er mich schelmisch an und sagte: „Ich dachte nie, dass ich in einer fast perfekten Beziehung so glücklich sein könnte!"

Auch auf die Gefahr hin, dass ich mich wiederhole: Ich bin überzeugt, einer der häufigsten Fehler in Beziehungen ist, dass der Orgasmus als Ziel einer sexuellen Handlung gilt. Die Erwartungshaltung, dass beim Sex die Erregung immer ansteigen und in einem Orgasmus enden muss, führt nicht nur dazu, dass so viele Frauen ihren Männern einen Orgasmus vortäuschen, sie ist auch der Tod jeder gefühlvollen Partnerschaft.

Fünfter Mythos: Über Sex spricht man nicht – man macht ihn einfach!

Angenommen, wir würden über unsere sexuellen Wünsche sprechen ...

Über Sex redet man nicht, man macht ihn einfach! So sehen es die meisten Paare. Nicht erst einmal habe ich in einem Beratungsgespräch von einem Mann in vorwurfsvollem Ton gehört: „Meine Frau steht sich's so auf das Reden. Immer müssen wir reden: beim Essen, beim Autofahren, vor dem Fernseher, selbst beim Schmusen und beim Sex – und wenn der vorbei ist, dann ist es noch lange nicht vorbei, denn dann müssen wir schon wieder reden."

Natürlich können Gespräche mühsam sein. Aber haben Sie es schon einmal mit einem Gespräch über Sex probiert?

Für die meisten Paare ist das eine neue und interessante Erfahrung – wobei ich Sie warnen möchte: Am Anfang kann das ganz schön schwierig sein! Erst recht, wenn man damit in einer langjährigen Beziehung beginnt, in der nie Gespräche über Sex geführt wurden. Bekanntlich ist es leichter, in gewohnten, *un-lust-igen* Verhaltensmustern zu verharren, als etwas zu ändern. Und dass sich infolge der Gespräche Änderungen ergeben, ist zumeist unvermeidbar. Unbekanntes Terrain schürt Ängste und ruft Verunsicherungen hervor, sodass viele Paare lieber in gewohnten Gefilden bleiben.

Ich kann mich gut an eine Beratungsstunde mit der 41-jährigen Elisabeth erinnern. Elisabeth suchte mich auf, da sie den Wunsch verspürte, mit ihrem Mann mehr Sex zu haben. Sie waren schon seit jungen Jahren zusammen, und sie hatten nun etwa alle fünf bis sechs Wochen miteinander Geschlechtsverkehr, was Elisabeth als sehr wenig empfand. Sie machte dafür ihre eigene Lustlosigkeit verantwortlich und wollte ihrem Mann häufiger Sex bieten. Aus diesem Grund hatte sich Elisabeth an mich gewandt.

„Wissen Sie", begann sie, „ich werde von Alfred auf Händen getragen, er verwöhnt mich immer noch mit kleinen Geschenken, einmal die Woche lädt er mich zum Essen ein und er hilft auch im Haushalt. Und ich kann ihm als Anerkennung nicht einmal Sex bieten, weil ich so lustlos bin. Ich bin schon knapp am Verzweifeln."

Nachdem sie mir das geschildert hatte und ich spürte, wie verzweifelt sie war, fragte ich: „Wie oft hätte denn Ihr Mann gerne Sex?"

Sie schaute mich erstaunt an, überlegte ein paar Sekunden und antwortete dann mit hochgezogenen Augenbrauen: „Das weiß ich nicht, wir reden nicht darüber."

Im Laufe der weiteren Sitzung erfuhr ich, dass sie und ihr Mann am Anfang der Beziehung bis zur ersten Schwangerschaft fast jeden zweiten Tag Geschlechtsverkehr hatten, den sie immer sehr genossen hatten und bei dem die Initiative generell von ihr ausging. Nach der Geburt des ersten Kindes hatten sie noch ein- bis zweimal in der Woche Sex. Nach der Geburt der dritten Tochter, das war jetzt 14 Jahre her, sank die Frequenz drastisch, bis sie sich auf einmal in fünf bis sechs Wochen einpendelte. So wie Elisabeth die Beziehung darstellte, hatte ich den Eindruck, dass sie sehr wertschätzend und voll gegenseitigen Respekts war. Da ich aus den Erzählungen kein gröberes Beziehungsproblem herausfiltern konnte, das hinter ihrer vermeintlichen Lustlosigkeit stand, fiel es mir schwer, mir eine „Hausaufgabe" für die Klientin einfallen zu lassen, wie es sonst meine

Angewohnheit ist. Solche Anregungen für Experimente zu Hause oder kleine Aufgaben, die sich aus der Situation heraus ergeben, betrachte ich als sehr hilfreich, um sich einer Problemlösung anzunähern. Schließlich kam ich zu der Überzeugung, dass diese Aufgabe für Elisabeth schwer genug sei: Ich bat sie, bis zu unserem folgenden Treffen in zwei Wochen ihren Mann zu fragen, wie oft er gerne Sex hätte, betonte aber, dass es kein Problem wäre, sollte sie diese Aufgabe nicht erfüllen.

Sie nickte nachdenklich und verabschiedete sich mit den Worten: „Ich werde es versuchen." Zwei Tage später erhielt ich von Elisabeth folgende Mail:

„Liebe Frau Meixner!
Ich danke Ihnen sehr für die Sexualberatung und möchte mitteilen, dass ich den nächsten Termin nicht mehr in Anspruch nehmen werde. Ich habe es schon gestern Abend geschafft, meinen Mann zu fragen, wie oft er gerne Sex hätte. Seine Antwort: ‚Na, wir haben schon ein bisschen viel.' Daraufhin schauten wir uns an und bekamen einen Lachkrampf. Diese gelockerte Situation und die Erkenntnis, dass wir beide nur dem anderen zuliebe Sex hatten, obwohl wir es beide gar nicht gebraucht hätten, nahmen wir zum Anlass, zum ersten Mal in unserer Beziehung über unsere sexuellen Vorstellungen zu reden. Dabei stellte sich heraus, dass Alfred noch nie der Typ war, der Sex dringend gebraucht hätte, sondern dass zumeist einfach sein Wunsch nach Nähe im Vordergrund stand. Wenn *ich* also mit Sex begann, machte er mir zuliebe mit, obwohl ihm zumeist auch das einfache Kuscheln gereicht hätte. Ich bin froh, dass ich bei Ihnen war und dass Sie mir den Anstoß gegeben haben, mit meinem Mann zu reden. Dafür möchte ich Ihnen danken!"

Wie Sie aus diesem Beispiel sehen, kann miteinander zu sprechen verborgene Wünsche erfüllen!

Vielleicht fragen Sie sich nun: *Wie stelle ich es an, dass ich meine Phantasien und Wünsche, meine Vorlieben und Abneigungen offenlege, ohne vor den Kopf gestoßen oder verletzt zu werden, weil ich mein Innerstes nach außen gekehrt habe?* Das ist tatsächlich eine gute Frage. Ich weiß aus eigener Erinnerung, wie schwer es fällt, zum ersten Mal Sexualität zum Thema eines ernsthaften Gesprächs zu machen und eigene Wünsche zu äußern.

Hier ein Beispiel für eine Übung, wie man gemeinsam über sexuelle Wünsche sprechen kann: Beide sprechen fünf bis zehn Wünsche aus. Jeder davon beginnt mit den Worten „Ich wünsche mir ...“ Der Partner, die Partnerin hört nur zu. Danach werden die Rollen getauscht. Im Anschluss kann man darüber sprechen, was man bereit wäre zu erfüllen, ohne sich rechtfertigen zu müssen, warum man manches nicht erfüllen möchte; es ist auch nicht gestattet, die Wünsche schlechtzumachen.

Wenn diese Übung manchen zu schwer erscheint, bitte ich sie, sozusagen als „*Light*-Version“, einfach nur zuzuhören, wenn die oder der andere Wünsche ausspricht, und die Ideen dann wirken zu lassen und eventuell erst in der nächsten Sitzung in meiner Gegenwart darüber zu sprechen.

Eine humorvollere und spielerische Version dieser Übung ist, so viele sexuelle Begegnungen wie möglich zu phantasieren – egal ob man diese tatsächlich gerne selbst erleben oder sie ablehnen würde. Zunächst spielt man die sexuellen Wünsche in Gedanken für sich durch, dann erzählt man sie dem Partner bzw. der Partnerin. Dieser bzw.

diese notiert auf einem Blatt Papier, ob er bzw. sie glaube, dass der/die andere wohl den jeweiligen Wunsch *sehr gerne, gerne* oder *überhaupt nicht* umgesetzt haben wolle. (Man kann der Anschaulichkeit wegen auch Schulnoten von eins bis fünf vergeben.)

Eine witzige Erweiterung dieses Kommunikationsspieles wäre, dass die Person, deren Wünsche gerade besprochen werden, gleichzeitig auf einen Zettel schreibt, wie hoch sie die Wahrscheinlichkeit einschätzt, dass der bzw. die jeweilige andere für diese Phantasie offen ist. Im Anschluss daran werden die Notizen offengelegt und miteinander besprochen.

Auch wenn diese Übungen auf den ersten Blick einfach erscheinen, sind Gespräche über Sexualität anfangs oft schwierig. Ein Grund dafür ist, dass ein Paar häufig auf unterschiedlichen „Ebenen" miteinander kommuniziert: So werden Aussagen sachlich getätigt, führen jedoch auf emotionaler Ebene zu Missverständnissen.

Männern wird in der Kommunikation meistens nachgesagt, lösungsorientiert zu sein, während man Frauen einen emotional beladenen Gesprächsstil zuschreibt – und das stimmt nach meiner eigenen Erfahrung auch.

Um das mit einer Situation aus dem Alltag zu beschreiben, stellen Sie sich folgendes Szenario vor: Anna und Mario sitzen gemeinsam beim Abendessen und erzählen einander die Ereignisse des Tages. Anna lädt ihren Frust aus der Arbeit bei Mario ab: „Heute hat das Telefon Sturm geläutet, dann kam eine wichtige Lieferung nicht an, die uns versprochen worden war, und ich musste zurückverfolgen, wo diese hängen geblieben ist. Und zu guter Letzt kam der Chef damit daher, dass ich für seine Geburtstagsfeier das Catering organisieren soll. Wie in einem Irrenhaus! Ich bin nur noch rotiert, damit ich alles hinbekommen habe."

Mario gibt Anna den wohlgemeinten Rat: „Sag doch das nächste Mal deinem Chef, dass du keine Zeit für seine privaten Feiern hast, wenn es in der Firma so zugeht. Soll das wer anderer machen. Nur weil du so gewissenhaft bist, heißt das nicht, dass sie dich mit Arbeit zuschütten dürfen."

Anna ist daraufhin eingeschnappt und löffelt schweigend ihre Suppe. Mario versteht nicht, was los ist, und sagt auch kein Wort.

Der Tipp von Mario war gut gemeint und wahrscheinlich sogar ein richtiger Lösungsansatz. Aber in diesem Moment hätte sich Anna Anerkennung gewünscht, dass sie trotz der widrigen Umstände alles auf die Reihe bekommen hat. Sie hätte auf der emotionalen Ebene etwas gebraucht, bekam aber auf der Lösungsebene etwas zurück.

Vielleicht kennen Sie aus Ihrer eigenen Partnerschaft solche Gespräche, die in Ihnen außer einem schlechten Gefühl nur die Gewissheit hervorgerufen haben, diese Themen in den nächsten dreihundert Jahren zu meiden. Und nun komme ich und möchte Ihnen einreden, dass Gespräche über Sex mit ihrem Partner lustvoll sein können!

Aber ich gestehe: Auch meine eigenen ersten Beziehungen waren voll von Gesprächen, die nur tagelanges Schmollen zur Folge hatten. Am besten in Erinnerung ist mir ein Gespräch mit meinem ersten Partner, das ich im zarten Alter von 18 Jahren hatte. Ich lehnte damals meinen Körper derart ab, dass Berührungen bestimmter Körperteile in mir Widerwille und Scham hervorgerufen haben. Sex tagsüber oder gar bei Licht? Ein Ding der Unmöglichkeit! Ich fühlte mich damals viel zu dick – die

Fotos aus dieser Zeit zeigen mir heute einfach eine kernige junge Frau. Mein bester Freund sagte einmal, um mich zu trösten: „Du bist nicht dick. Wenn du ein Pferd wärest, wärst du halt ein Haflinger." Das klang nicht nett, aber ich wusste, es war nett gemeint, weshalb ich es auch als positiv empfand. Von ihm konnte ich das Kompliment gut annehmen, und insgeheim lachte ich sogar über seine verzerrte Wahrnehmung; selbst fühlte ich mich jedoch wie die Venus von Willendorf.

Leider wusste mein Partner die halbmondförmige Vorwölbung über meinem gebärfreudigen Becken nicht so zu schätzen, wie ich seinen Äußerungen entnahm: „Ich hätte nie gedacht, dass es eine Frau geben könnte, die mehr isst als ich." (Als kleine Anmerkung zwischendurch: Mein damaliger Partner war von Beruf Zimmerer und folgte dem Ruf seines Körpers nach vielen Kalorien.) Natürlich festigten solche Bemerkungen in mir das Gefühl, dass ich gänzlich unattraktiv und eine Zumutung für diesen schönen Mann an meiner Seite wäre. Es verstrichen die Jahre, wir waren längst getrennt, trafen uns aber noch gelegentlich und gingen sogar zum Tanzen gemeinsam aus, da strich er mir einmal mitten im Tanz über den Rücken und sagte: „Ist das schön, etwas zu spüren, wenn man eine Frau im Arm hält. Bei meiner jetzigen Partnerin habe ich immer das Gefühl, ich zerdrück sie, weil sie nur aus Haut und Knochen besteht." (Auch hier möchte ich kurz anmerken, dass seine Partnerin zu jener Zeit dem absoluten Schönheitsideal entsprach und nass und mit Gewand sicherlich nicht mehr als 45 Kilogramm auf die Waage brachte.) Ab diesem Moment beschloss ich, in den unschuldigen Bemerkungen anderer keine Angriffe auf mein Äußeres mehr zu vermuten. Sollte ich mir unsicher sein, ob mich ein Mann attraktiv findet, kann ich ihn ja fragen. Und hier bin ich bei einem weiteren Thema, das für eine funktionierende Beziehung wichtig ist: *Fragen*!

Haben Sie schon einmal Ihren Partner oder Ihre Partnerin gefragt, was er oder sie beim Sex gerne hätte?

Am Anfang ist das nicht nötig, ich weiß – da reicht der Anblick des oder der Angebeteten aus, um einen *Augasmus* zu bekommen. Die glücklich machenden Serotonine und Endorphine werden allein beim Hinsehen ausgeschüttet. Man muss kaum etwas dazu beitragen, dass jeder sexuelle Kontakt ein Höhenflug wird! Aber was ist nach zehn Monaten oder gar nach fünf Jahren? Da werden beim Betrachten des geliebten Menschen keine Endorphine mehr ausgeschüttet. Ohne dass wir etwas falsch machten, wird der Sex von alleine schlechter. Stimmt das wirklich? Wird unser Sex von alleine schlechter?

Ich möchte mich gleich selbst korrigieren: Wir haben den *Eindruck*, dass der Sex schlechter wird. Denn meist bleibt er ja derselbe, nur unsere Wahrnehmung macht das zu Beginn der Beziehung Außergewöhnliche später zum Alltäglichen. Hat die Langeweile unser Sexleben erst einmal wie ein Parasit unterminiert, braucht es große Anstrengungen, um diesen wieder loszuwerden. Der Parasit lebt in Symbiose mit uns, und wir arrangieren uns mit ihm, weil wir uns viel Mühe und Zeit ersparen, wenn wir vom Laster der Sexualität befreit sind. Wird Sex langweilig, bleibt wieder mehr Zeit für unsere Freunde, fürs abendliche Ausgehen oder für die Arbeit. Aber gleichzeitig quält uns das schlechte Gewissen: Wir müssten doch mehr Sex haben, *weil es sich so gehört*. Was also tun, um den Parasiten der Langeweile wieder los zu werden? Um den sexuellen Alltag aufzumöbeln und um wieder Freude am Sex zu haben?

Zu Beginn einer Beziehung steht die partnerzentrierte Sexualität im Vordergrund, anders gesagt: *Du bist das Zentrum meiner Aufmerksamkeit, dir will ich Gutes tun; deine Befriedigung ist mein Ziel.* Die selbstbestimmte Sexualität, die dafür verantwortlich wäre, dass ich selbst im Mittelpunkt der Handlungen stehe, dass meine eigenen Wünsche berücksichtigt werden, kommt anfangs zu kurz, ohne dass dies als Manko erkannt würde. Je länger jedoch beide nur geben, aber nicht nehmen, desto eher kommt es zu einer sexuellen Überdrüssigkeit. Warum soll ich Sex mit meinem Partner oder meiner Partnerin haben, wenn ich (unbewusst) das Gefühl habe, zu kurz zu kommen?

Dazu erzählte Paula, die mich zu einem Beratungsgespräch aufsuchte, ihre Geschichte: „Ich habe nie sonderlich großes Verlangen nach Sex gehabt – weder nach Sex mit Werner noch nach Selbstbefriedigung. Ich habe auch selten sexuelle Phantasien. Manchmal, wenn ich in Zeitschriften blättere, wird mir bewusst, dass ich schon wochenlang nicht an Sex gedacht habe. Werner leidet sehr darunter, vor allem, wenn ich ihn abweise, weil ich überarbeitet und müde bin. Ich habe aber nie eingesehen, dass ich einfach nur mit ihm schlafen soll, weil er gerade will oder weil es sich so gehört.

Eines Tages, als ich ihm wieder zu verstehen gab, dass ich meine Ruhe haben wollte, fragte mich Werner, was er mir Gutes tun könne, damit ich mehr Sex mit ihm haben wolle. Mir war diese Frage peinlich und ich wusste nicht, was ich sagen sollte, deshalb antwortete ich: ‚So mehr im Spaß: jeden Monat ein Wochenende in einer Therme, alleine.'

Am nächsten Tag sagte Werner: ‚Ich hab gebucht, von Freitag bis Sonntag bist du in der Therme Geinberg.'

Zuerst wollte ich das gar nicht annehmen, dann fuhr ich trotzdem. Ich genoss die drei Tage und trotz meines anfänglich schlechten Gewissens bemerkte ich bald, dass mir das Kärtchen, das Werner in meinen Koffer geschwindelt hatte, zeigte, was mir fehlte: Anerkennung! Ich wollte etwas zurückbekommen für all das, was ich in die Beziehung investierte."

Dann griff Paula in ihre Tasche und zeigte mir den Brief:

„Liebe Paula,
ich habe erst durch deinen Wunsch, dass du alleine in eine Therme fahren willst, erkannt, wie selten ich dir ‚Danke' sage für alles, was du für mich tust, dass du dich alleine um den Haushalt kümmerst, unsere sozialen Kontakte aufrecht erhältst und mir immer den Rücken freihältst, damit ich im Beruf weiterkomme. Und auch beim Sex war ich bis jetzt sicherlich nicht der große Verwöhner. Aber das will ich ändern. Und solange ich das noch übe, möchte ich dich ab nun jeden Monat einmal auf ein Wochenende in einer Therme einladen, allein. In Liebe, dein Werner."

Paula strahlte mich an.

„Und so komisch es klingt, seit ich das Gefühl hab, ich bekomme etwas zurück, fühle ich mich Werner auch körperlich näher. Auch wenn die Initiative nicht von mir ausgeht, genieße ich den Sex jetzt viel mehr als früher."

Vielleicht erscheint Ihnen dieses Beispiel jetzt komisch. Für mich zeigt es, wie wichtig es ist, in einer Beziehung eigene Wünsche zu äußern. So werden eigene Bedürfnisse befriedigt und die Verbundenheit zum Partner bzw. zur Partnerin steigt.

Ich bin überzeugt: Viele Männer tun sich so schwer damit, über Sex zu reden, weil sie fürchten, unmännlich zu sein, wenn sie sexuelle Probleme eingestehen oder Fragen stellen. Man(n) hat Angst, die Partnerin zu fragen, was ihr gefällt, weil das als Eingeständnis von Unwissenheit gesehen werden könnte. Wo käme man da hin? Da würde man doch glatt als unerfahren dastehen! Oder haben Sie etwa in einem Porno schon einmal gesehen, dass ein Mann die Frau fragt, was oder wie sie es gerne hätte? Laut einer amerikanischen Umfrage neigt fast jeder Mann zur Ansicht, dass sich alle anderen Männer sexuell besser amüsieren als er selbst, dass die anderen nicht die Fragen und Sorgen haben, die ihn plagen. Und ich denke, dass diese Ansicht auch bei uns häufig zu finden ist. Diese Befürchtung bestärkt einen Mann, den Mund zu halten, denn wie sähe es denn aus, wenn er der Einzige wäre, der keinen regen Verkehr hat?

Fast alle Männer und Frauen haben Fragen zur Sexualität, doch darüber wird in der Gesellschaft nicht gesprochen, es werden höchstens versteckte Anspielungen gemacht oder Witze gerissen. Manche Männer glauben auch, dass sie verbale Kommunikation nicht benötigten, weil ihr *Verbindungs-Glied* genug Kommunikation wäre. So schreibt der deutsche Soziologe Dieter Duhm in entwaffnender Offenheit: „Mit nichts ist ein Mann so identifiziert wie mit dem Penis und dessen Verhalten. Er ist seine Bewährungsprobe, sein Stolz oder sein Untergang, seine Zugehörigkeit oder Nichtzugehörigkeit zum Bund der Männer, sein Verbindungsglied zur Welt der Frauen, sein Kummerkolben, sein Prüfstock, seine Messlatte und sein Personalausweis."

Das Problem ist nun, dass viele Männer über ihren „Personalausweis" nur witzeln, aber nicht vernünftig reden können. Ich möchte noch einmal das Beispiel der partner-bestimmten Sexualität aufgreifen. Wenn sich die Sexualität immer nur um die Empfindungen und den Lustgewinn des Partners oder der Partnerin dreht, wird das Gefühl aufkommen, selbst auf der Strecke zu bleiben.

Irgendwann mache ich meinem Schatz Vorwürfe, weil ich auf etwas verzichtet habe oder etwas getan habe, das mir selbst gar nicht so gefallen hat, von dem ich aber angenommen habe, dass es ihm Luststeigerung bringt – aber es war eben nur eine *Annahme*.

So höre ich in Beratungsgesprächen beispielsweise Schilderungen wie die Folgende recht häufig: Anita rasiert sich im Intimbereich, weil sie glaubt, dass Peter das schön findet. Sie selbst findet das zwar unangenehm, zumal man sich dabei gelegentlich mit dem Rasiermesser schneidet, wodurch dann Furunkel entstehen. Und sobald die Haare wieder nachwachsen, beginnt die Stelle zu jucken, was insbesondere in der Öffentlichkeit nicht so angenehm ist, man kann sich schließlich nicht einfach zwischen den Beinen kratzen. Aber was macht sie nicht alles dem Partner zuliebe!

Im Beratungsgespräch wendet sich Anita schließlich an Peter und sagt in vorwurfsvollem Ton: „Ich nehme so viel auf mich: Nur damit du zum Genuss kommst, rasier ich mir sogar meine Fluffi, obwohl das so unangenehm für mich ist. Und du würdigst das nicht einmal!"

Peter schaut Anita erstaunt an und schüttelt den Kopf: „Das machst du für mich? Ich wollte dir es nie sagen, aber deine Scheide gefällt mir naturbelassen viel besser. So glatt rasiert schaut das ja aus wie bei einem kleinen Mädchen."

Kaum hatte Peter den Satz fertig gesprochen, brachen beide in schallendes Gelächter aus – dem ich mich anschloss.

Um zu einer selbstbestimmten Sexualität zu gelangen, ist es wichtig, zu überprüfen: Was will ich, was willst du, was wollen wir beide? Mehr noch: Man muss das immer wieder aufs Neue hinterfragen. Denn im Laufe der Zeit verändern sich Wünsche und Vorlieben. Bei uns im Waldviertel gibt es den Spruch, dass man nicht jeden Tag Wiener Schnitzel essen wolle, sondern gern auch einmal à la carte bestellt. Oder wer mag schon im Sommer festlegen, was er im Herbst essen wird?

Ich behaupte, dass ein guter Liebhaber oder eine gute Liebhaberin nicht jemand ist, der schon alles weiß, sondern jemand, der bereit ist, die Wünsche und Bedürfnisse seiner Partnerin oder ihres Partners kennen zu lernen. Doch bitte überlegen Sie sich gut, was Sie Ihren Partner oder ihre Partnerin fragen oder über dessen bzw. deren Sexualität wirklich wissen wollen. Es könnte ja eine Retourkutsche kommen.

Was ich damit meine, lässt sich am besten mit folgendem Beispiel erklären: Ich nahm an einem Seminar über Sexualität teil, das ausschließlich von Frauen besucht wurde. Die Vortragende stellte die Frage: Wer von uns wollte gerne alle sexuellen Phantasien des Partners kennen? Es schnellten fast alle Arme in die Höhe. Als uns die Seminarleiterin nach den Gründen fragte, antworteten die meisten, dass es doch nett wäre, den anderen mit der Erfüllung seiner geheimen Wünsche zu überraschen und dadurch die gemeinsame Sexualität zu beleben. Die Seminarleiterin nickte und fragte weiter, wer von uns gerne dem Partner die ganzen eigenen Phantasien erzählen würde? Zuerst Stille. Dann Gemurmel. Mir gingen so manche meiner Phantasien durch den Kopf. Diese bereiteten mir zwar immer wieder im Gedanken große Freude, aber in die Realität wollte ich sie nicht umgesetzt sehen. Kleinlaut fragte ich, ob ich auch die Antwort auf die vorige Frage revidieren dürfte. Mir war plötzlich klargeworden, dass ich gar nicht *alle* Phantasien meines Partners wissen wollte. Und anderen in der Gruppe erging es genauso. Die Ausbildnerin lächelte verschmitzt und merkte an, dass sie diese Reaktion jedes Mal erlebe, wenn sie diese beiden Fragen stellte, und sie wies uns darauf hin, wie wichtig es sei, in unseren eigenen Beratungsgesprächen immer wieder darauf hinzuweisen, dass man sich wirklich nur das wünschen solle, was man auch tatsächlich aushalten könne. Ich erinnerte mich an einen Spruch, den ich einmal gelesen hatte und dessen tieferen Sinn ich in diesem Moment verstand: „Sei vorsichtig mit deinen Wünschen, sie könnten in Erfüllung gehen."

Ein Problem mit Fantasien und Wünschen ist, dass man oft nicht weiß, wie man diese dem Partner oder der Partnerin gegenüber ausdrücken kann, ohne sich zu entblößen oder den geliebten Menschen vor den Kopf zu stoßen. Ich empfehle dafür in meinen Vorträgen die Methode des *Sexuellen Tratsches,* die der deutsche Sexualtherapeut Ulrich Clement entworfen hat.

Diese funktioniert so, dass die eigenen Wünsche derart in ein Gespräch verpackt werden, als wären sie Inhalt des Tratsches. Einmal gab ich diesen Tipp in einem Vortrag in meiner Heimatgemeinde. Kurz danach hingen an unserem Gartentor rosa Gummistiefel. Wie das? Ich hatte erklärt, dass man den sexuellen Tratsch am besten mit Worten beginnt wie „Du, weißt eh, ich hab gehört ..." und dann hängt man den eigenen Wunsch sozusagen verpackt an. Um dem Publikum ein Beispiel zu geben, erzählte ich, dass ich einmal zu meinem Partner gesagt hätte: „Du, weißt eh, ich hab gehört, die Julia Roberts hat ganz komische Gewohnheiten beim Sex."

Neugierig geworden hätte mein Partner geantwortet: „Wieso, was macht sie denn?"

„Naja, sie liebt es, wenn ihr Partner nackt, nur mit rosa Gummistiefeln und einem umgeschnallten Ringelschwänzchen am Körper ins Schlafzimmer stürmt und ihr mit einer Heugabel in der Hand grunzend nachläuft, bis er sie erwischt und dann ..."

Im Vortragssaal brach schallendes Gelächter aus.

Ich wiederholte, dass die Geschichte natürlich von mir nur erfunden wäre. Doch wenn man seine Fantasien so verpackte, könne sie der Partner oder die Partnerin leichter annehmen. Beziehungsweise umgekehrt: Würde die Fantasie auf keine Resonanz stoßen, sei dies für einen selbst leichter zu akzeptieren, ohne sich für die vorgebrachte Idee schämen zu müssen – schließlich wären es nicht die eigenen Wünsche gewesen. Mein Partner hätte schließlich sagen können: „Na, die hat komische Phantasien, die Julia Roberts." Und ich hätte wohl geantwortet: „Das find ich auch. So eine Komische!"

Hätte umgekehrt mein Partner gesagt: „Das ist ja eine lustige Idee! Wo kriegen wir rosa Gummistiefel Größe 44 her?", dann hätte ich gewusst: Aha, diese Phantasie ist angekommen! Unsere gemeinsame Sexualität würde erweitert und bereichert werden. Um den Gag abzurunden, erwähnte ich im Vortrag, dass wir noch verzweifelt auf der Suche nach rosa Gummistiefeln wären. Tags darauf hingen rosa Gummistiefel Größe 44 an unserem Gartentor. Ob wir diese nun zweckbestimmt verwendet haben oder nicht, möchte ich jetzt allerdings *Ihrer* Phantasie überlassen.

Die Schlussfolgerung: Reden hilft – wenigstens meistens.

Sexualität als Ausdruck nonverbaler
Kommunikation

Sexualität dient nicht nur der Fortpflanzung, sie hat auch
soziale Funktionen. Sie festigt gesellschaftliche Beziehungen und dient der Kommunikation. Dieser Aspekt, dass
Sexualität auch als Körpersprache eingesetzt wird und als
Informationsüberträger agiert, ist den meisten Menschen
nicht bewusst.

In der Literatur wird Sex als Ausdruck von Liebe – vor
allem für das romantische Idealbild von Liebe – gepriesen, aber auch als Machtinstrument dargestellt. So kann
ein Machtspiel in der Sexualität genauso durch übermäßi-
ges Verlangen wie durch Verweigerung ausgedrückt sein.
Sex kann als Liebesbeweis gesehen, der Entzug aber auch
als Liebesentzug empfunden werden. Ob bewusst oder
unbewusst eingesetzt: Sexualität ist immer eine Art der
nonverbalen Kommunikation, die ebenso wie die verbale
Kommunikation sowohl trennend als auch verbindend
wirken kann.

Dass die nonverbale Kommunikation oft wichtiger ist
als gesprochene Worte belegte schon im Jahr 1971 der
amerikanische Psychologe Albert Mehrabian in seinem
Buch *Silent Messages*. Vom Gefühlspotenzial, das in einer
gesprochenen Botschaft steckt, werden nur 7 Prozent mit
Worten vermittelt, der Rest nonverbal: 38 Prozent durch
die Stimmlage und 55 Prozent durch Mimik, Gestik und
die Körpersprache.

Durch diese reiche nonverbale Informationsübertragung
erkennt Ihr Partner bzw. Ihre Partnerin während des Sexualverkehrs, was Sie als besonders angenehm empfinden,
ohne dass die Stimmung durch Worte gestört wird. Oder

umgekehrt: Sie bemerken, dass Ihr Liebster vor lauter Lust glüht, aber der Funke springt nicht über, Sie möchten sich am liebsten im Bett zur Seite drehen und in Ruhe einschlafen. Die „Show" läuft in der Praxis dann oft folgendermaßen weiter: Ihr Liebster beginnt Ihren Rücken zu streicheln, Küsse wandern vom Nacken abwärts, genauso, wie Sie es eigentlich lieben, wie Ihnen im Normalfall laute Lustseufzer über die Lippen kommen. Bloß diesmal liegen Sie noch steif wie ein Brett da, was zur verunsicherten Frage führt: „Gefällt es dir heute nicht?"

„Doch, doch … stöhn …" – *war das nicht ein bisschen halbherzig? Zur Sicherheit noch einmal und laut –* „Stöööhhhhnnn …"

Die Hände Ihres Liebsten wandern zu Ihren Popacken und kneten, genauso, wie Sie es lieben … und plötzlich, wie ein Reflex, die Pobacken kneifen sich ohne Ihr Zutun zusammen! Die Hände des Partners entfernen sich und die Du-a-Stellung beginnt: Wieder Rücken an Rücken liegend, kommt von der anderen Seite ein beleidigtes „Schlaf gut".

Eigentlich wollten Sie jetzt die Situation retten und gerne ein „Schatzi, es war doch so schön, ich hab's riesig genossen! Warum hörst du denn auf?" hervorquälen. Doch leider: Die 7 Prozent können nicht mehr gut machen, was von den ehrlichen 93 Prozent vernichtet worden ist. Und weil Sie das wissen, kommt auch von Ihnen nur ein leises „Du a".

Die Dauer von Gesprächen in Beziehungen ist schon seit Jahrzehnten immer wieder Thema wissenschaftlicher Studien. Die Ergebnisse zeigen, dass wir nach fünf Jahren des Zusammenlebens nur noch sieben Minuten am Tag miteinander über uns selbst reden, also über unsere Gefühle und unser Wohlergehen. Diese Zahl ist schockierend, doch manche scheinen selbst darauf verzichten zu können. Ich erinnere mich an eine Beratungsstunde. Die Frau meinte, Ihr Mann würde ohnedies nicht verstehen, was sie sagte, auch wenn sie mit ihm über die Beziehung reden wolle. Und an ihn gerichtet ergänzte sie „Die sieben Minuten am Tag könnten wir uns zusammensparen und stattdessen einmal in der Woche eine Dreiviertelstunde lang Sex haben – dann hätten wir weniger Meinungsverschiedenheiten."

Dieses Beispiel gibt übrigens auch deutlich wieder, dass wir Sex einsetzen, um an Nähe und Geborgenheit zu kommen, wenn uns das anders nicht möglich ist.

Sexualität als reiner Ausdruck eines Triebes

In den 1970er- und 1980er-Jahren wurden Sexualstörungen häufig aus der Annahme heraus diagnostiziert, sexuelles Begehren sei weniger ein Verlangen nach dem Partner oder der Partnerin als ein innerer Drang nach sexueller Aktivität.

Indem wir sexuelles Begehren in erster Linie als biologisch vorgegebenen Trieb begriffen haben, verleitete uns das zu der Vorstellung, wir müssten ganz von selbst wissen, was beim Sex zu tun sei; darüber hinaus vermittelte uns diese Ansicht, dass wir ständig auf Sex aus sein müssten.

Aber diese biologistische Sichtweise ist längst überholt. Wenn wir bedenken, dass wir Menschen von allen Lebewesen am längsten brauchen, bis wir zu voller sexueller Reife gelangen, und dass unser sexuelles Verlangen viel stärker an Lebenssituationen und Sinneswahrnehmungen geknüpft ist als das von Tieren, wird die Sichtweise, dass Sexualität ein reiner Trieb sei, doch sehr relativiert. Denn

Hormone, Instinkte und der Sexualtrieb können sich gar nicht auf einen ganz bestimmten Menschen richten, um eine Beziehung zum Sexualpartner oder zur Sexualpartnerin aufzubauen, braucht es mehr. In der Diagnostik und Behandlung von Sexualstörungen ist von diesem Ansatz zum Glück schon größtenteils Abstand genommen worden. Doch leider scheint die Sichtweise, dass Sexualität ein nicht beherrschbarer Trieb ist, in der Gesellschaft noch weit verbreitet zu sein. Das zeigen Sprüche wie: „Ist ja verständlich, dass er sich eine andere sucht – ich habe gehört, dass sie seit der Geburt ihres Kindes nicht mehr mit ihm geschlafen hat, und er kann es sich ja nicht herausschwitzen!" Ein anderes Beispiel aus den Medien. Da meinte Anne Sinclair, die inzwischen Ex-Ehefrau von Ex-Banker Dominique Strauss-Kahn über dessen medienwirksam aufgeflogene sexuelle Belästigung eines Stubenmädchens in einem New Yorker Hotel: Es sei doch normal (für einen Mann), vom Zimmermädchen einen geblasen zu bekommen. Die implizite Aussage: *Der Mann ist ein Tier, das seine Triebe nicht beherrschen kann!* Ich fände es traurig, wenn wir Menschen solch triebbestimmte Wesen wären, die gegen ihren Willen ständig nur auf der Lauer nach einem potenziellen Floh im Bett wären.

Sexualität als Ausdruck von Macht

Mächtigen, meist Männern, wird gerne eine ausgesprochen promiskuitive Lebensweise zugeschrieben. Ob erfunden oder wahr – berühmten Menschen werden Affären gleichsam als Statussymbol aufgezwungen. Und tatsächlich umgeben sich mächtige Männer gern mit jungen, hübschen

Frauen, um ihren Status zu demonstrieren. Ein Schelm, wer dabei an Silvio Berlusconi denkt.

Hier geht es nicht um Sexualität oder gar Intimität, sondern im Gegenteil, um öffentlichen Status und Macht, wozu die Sexualität benutzt wird. Verhaltensforscher wie Konrad Lorenz und Irenäus Eibl-Eibesfeldt haben schon vor Jahrzehnten nachgewiesen, dass im Tierreich das Sexualverhalten von Dominanz und Unterwerfung geprägt ist.

Bei allen höheren Tieren, die in einem sozialen Verband leben, spielt der Faktor Macht eine wichtige Rolle. Wenn ein Tier bei einem anderen aufreitet, hat das nicht unbedingt mit einer Kopulation zu tun, sondern mit Dominanzverhalten. Selbst bei meinen rein weiblichen Meerschweinchen, die ich als Jugendliche im Käfig hielt, bestieg das ranghohe Tier als Zeichen der Unterwerfung die rangniederen. Die Position des ranghöchsten Alphatieres erhöht die Chance, sich fortzupflanzen und Nachkommen zu zeugen, ganz beträchtlich. Ob bei Wölfen oder bei Gorillas: Der Boss zeugt den Nachwuchs! Doch diese soziale Stellung zu halten, bedeutet ein permanentes Imponieren, Drohen und Kämpfen. Königsmörder sind nie fern!

Aber noch einmal: Hier geht es nicht um Sex *per se*, sondern um Macht und Einfluss. Und das spielt nicht nur bei den Reichen und Schönen eine Rolle, sondern in unser aller Alltag. Ich möchte Ihnen als Beispiel die Geschichte von Irene und Karl erzählen, die zu mir in die Beratungsstunde kamen.

Irene und Karl hatten bemerkt, dass sie sich immer gegenseitig die Lust auf Sex verdarben, sobald einer von ihnen mit Zärtlichkeiten begann. Sie fanden jedoch keinen Ausweg aus diesen Verhaltensmustern. Wenn sich in Karl Begehren regte, versuchte er, besonders nett zu sein und seine Partnerin zu verwöhnen, ihr seine Liebe zu zeigen. Doch das endete jedes Mal mit einer kleinen Tragödie.

Wenn Karl im Haushalt arbeitete, begann Irene sofort, ihn herumzudirigieren. Das lief dann folgendermaßen ab: „Wenn du den Mistkübel hinausbringst, wasche ihn bitte gleich aus. Aber du weißt eh, nicht mit dem gelben Fetzen, sondern mit dem Schwamm.“

„Ja natürlich, Schatz. Ich komme gleich wieder.“

„Aber setz dir die Mütze auf, es ist ziemlich windig draußen.“

„Mach ich.“

„Und wenn du in den Garten zum Biomüll gehst, ziehe bitte die alten Schuhe an, damit nicht die neuen schmutzig werden.“

Karl fühlte sich, verständlicherweise, behandelt wie ein kleines Kind, das ständig von seiner Mutter gemaßregelt wird.

Karl saß während der Beratungsstunde zusammengesackt vor mir auf dem Stuhl. „Wissen Sie“, setzte er fort, „ich habe dann das Gefühl, Irene traut mir weniger zu als unseren Kindern, als diese klein waren. Sie benimmt sich wie die mächtige Mama und ich bin der kleine Junge.“ Er hob Kopf und Augenlider: „Wie soll ich da Lust empfinden?“

Ich fragte: „Haben Sie das Irene schon einmal in so einer Situationen gesagt?“

Karl schaute zuerst überrascht mich an, dann Irene und lächelte: „Das ist eine gute Idee! Ich werde es das nächste Mal versuchen.“

Beim nächsten Termin mit Irene und Karl fragte ich, was ihnen seit dem letzten Mal gelungen sei. Irene antwortete: „Mir ist erst jetzt bewusst geworden, dass ich Karl wirklich ständig vorschreibe, was er wie zu machen hat – gerade dass ich ihm nicht sage, wie er die Schnalle runterdrücken muss, wenn er die Tür aufmachen will. Das ist mir früher nie aufgefallen."

Ich wandte mich Karl zu, der dieses Mal aufrecht im Stuhl saß, und fragte ihn, was er denke: Wie sei es Irene gelungen, ihr Verhalten aus einem neuen Blickwinkel zu sehen?

Er lächelte Irene liebevoll an und meinte dann: „Wahrscheinlich lag es daran, dass ich seit dem letzten Mal, als wir bei Ihnen waren, jedes Mal in so einer Situation gesagt habe: ,Wie kann ich dich sexy finden, wenn du dich wie meine Mutter benimmst?' In den ersten Tagen musste ich es jede Stunde mehrmals sagen, in letzter Zeit kaum noch. Da war es eher so, dass Irene zu mir kam, mich umarmte und sagte: ,Jetzt hätte ich mich fast wieder wie deine Mutter benommen – aber ich werde mich hüten, dafür schlafe ich viel zu gerne mit dir.'"

Sexualität als Ausdruck von Intimität

Ich möchte hier von einer Intimität sprechen, die Ausdruck verbaler und nonverbaler Kommunikation in einer sexuellen Beziehung sein kann. Von einer Intimität, die umso mehr zur Erregung beitragen kann, je tiefer und stärker sie ist und je mehr emotionale Energie in die sexuelle Begegnung hineingetragen wird. Von einer Art von Begehren, die weniger mit Spannungsabbau zu tun hat oder gar mit dem Ausleben eines Triebes als mit sexueller Reife.

Eine emotionale Verbundenheit der Partner kann in hohem Maß zur sexuellen Erregung beitragen. Umgekehrt kann ein Mangel an Verbundenheit die Erregung drastisch dämpfen.

Häufig wird Intimität mit einer „emotionalen Verschmelzung" verwechselt, wie es der amerikanische Sexualtherapeut David Schnarch bezeichnet. Diesen Ausdruck verwende ich selbst sehr gerne, weil er sehr treffend das unreife Bild einer Intimität bezeichnet. Unter emotionaler Verschmelzung versteht man, wenn es kein *Du* und kein *Ich* mehr gibt, wenn das höchste Glück im *Wir* besteht, jegliche Individualität, jegliche Unterschiede als beängstigend und verstörend angesehen werden. Was von vielen als erstrebenswert angesehen wird, tötet jegliches sexuelle Begehren: Das 1,4 Meter schmale Bett, das anfangs ein Zeichen der Nähe war, ist der Untergang des Kribbelns, genauso wie die Antwort auf die Frage „Wie geht es *dir*?": „Danke, es geht *uns* gut." Dein ist mein, mein ist dein, alles soll *unser* sein. Mit der Zeit teilt man sich sogar die Grippeviren und das Hohlraumsausen – so macht es zumindest den Anschein, wenn einer der beiden pumperlgesund und fidel ist und trotzdem mit traurigem Seufzer feststellt: „Dieses Mal hat uns die Grippe aber sauber erwischt!"

Wir glauben, diese Verschmelzung wäre das Verlangen nach Intimität mit dem von uns geliebten Menschen, doch in Wahrheit sind wir meist hinter anderem her: Wir möchten, dass ein anderer Mensch uns das Gefühl gibt, liebenswert und wertvoll zu sein. Darum geht es. Diese Wunschvorstellung nach einer wechselseitigen Bestätigung betrachten wir als „Intimität". Doch das ist eine unreife Intimität. Sie pocht auf Ausschließlichkeit und verlangt, dass wir gegenseitig das Epizentrum all unserer Wünsche und unserer Bedürfnisse sind. Manchmal führt dieses Verlangen so weit, dass wir uns nicht einmal mehr mit dem Partner oder der Partnerin freuen können, wenn er oder sie glückliche Situationen außerhalb der Beziehung erlebt, egal ob in der Arbeit, mit Freunden, Freundinnen oder Verwandten. Das kann doch nicht sein, dass er oder sie ohne mich glücklich ist! Sobald wir begreifen, dass wahre Intimität sich nicht immer nur wohlig anfühlt und auch verunsichern kann, ist klar, warum wir davor zurückscheuen.

Die Vorstellung, dass in einer glücklichen Beziehung die Partner sein sollen wie sich synchron bewegende Eiskunstläufer, ist eine Illusion, die sich im realen Leben nicht umsetzen lässt. Im Gegensatz zur emotionalen Verschmelzung ist wahre Intimität ein Prozess, der ein Gleichgewicht herstellt zwischen Verbundenheit und Autonomie – zwischen Nähe und Distanz. Daraus lässt sich ableiten, dass Verschmelzung Verbundenheit ohne Individualität ist. Wenn wir also diese Verschmelzung anstreben, verlernen wir häufig, auf unseren eigenen Wünschen, Bedürfnissen und Gefühlen zu beharren – ja mit der Zeit sogar, diese wahrzunehmen.

Ich erachte diese Differenzierung der Intimität und der Verschmelzung gerade im Zusammenhang mit Sexualität als sehr wichtig!

Wenn Sie herausfinden wollen, wie es um die wahre Intimität bzw. Verschmelzung in Ihrer Beziehung steht, dann führen Sie folgendes kleines Experiment durch. Betrachten Sie Ihren Partner oder Ihre Partnerin aus einem Abstand von einem oder zwei Metern. Achten Sie darauf, dass Sie ihn oder sie ganz genau sehen können, die ganze Statur. Sie werden wahrnehmen, was Sie begehrenswert finden. Vielleicht bekommen Sie dabei Lust, durch das schöne lockige Haar zu streichen? Oder Sie werden die knackigen Rundungen des Hinterteils wohlwollend betrachten? Danach gehen Sie auf Ihren Partner oder Ihre Partnerin zu und stellen sich ganz knapp zu ihm oder ihr, sodass sich Ihre Oberkörper und Oberschenkel berühren, ganz so, als ob Sie miteinander verbunden oder gar verschmolzen wären. Und aus diesem Blickwinkel versuchen Sie, sich ein Gesamtbild von der von Ihnen geliebten Person zu machen. Ich behaupte, dass es Ihnen nicht gelingen wird. Wenn ich also meinen Partner, meine Partnerin über Jahre hinweg nur aus diesem eingeschränkten Blickwinkel betrachte, wird er oder sie die zahlreichen Facetten verlieren, in die ich mich ursprünglich verliebt hatte – und die als Gesamtbild das Subjekt meiner Begierde ausgemacht haben.

Somit kann Sexualität auf Dauer nur ein Ausdruck wahrer Intimität sein, da sie durch Verschmelzung abgetötet wird.

Mit Intimität hängt auch das schwierige Gefühl der Eifersucht zusammen.

Sexualität und Eifersucht

Aus wahrer Intimität entsteht das eigene Verlangen, der Partnerin bzw. dem Partner treu zu sein. Ist es gelungen, in einer Beziehung Intimität aufzubauen, dann verletzt man sich durch eine sexuelle Außenbeziehung genauso selbst, wie man die Partnerin bzw. den Partner verletzt, weil die aufgebaute Intimität abbröckelt wie eine alte Mauer, auch wenn die Affäre nie ans Tageslicht kommt. Wenn ich meiner eigenen Einstellung gegenüber der Intimität in der Beziehung treu bin, dann ist das der Garant für die Treue dem Partner oder der Partnerin gegenüber. Bin ich mir meiner Beziehung und der darin bestehenden Intimität nicht sicher, halte ich am Bild der emotionalen Verschmelzung fest. Ich will die emotionale Verschmelzung, also den Wunsch nach gleichen Gedanken,

Emotionen und Werten, keinesfalls klein reden, ich möchte aber darauf hinweisen, dass unter solchen Umständen die eigene Persönlichkeit, aber auch die des Partners oder der Partnerin oft gar nicht mehr wahrgenommen wird. Dann kann die emotionale Verschmelzung zu extremer Eifersucht führen, und wir können es kaum ertragen, dass der geliebte Mensch ein von uns abgegrenztes, eigenständiges Wesen ist. Doch unser Verlangen, ihn zu besitzen, kann nicht gestillt werden, denn dass wir zwei verschiedene Personen sind, ist nun einmal unabänderlich.

Mit diesen Ängsten bin ich in meinen Sexualberatungs-stunden häufig konfrontiert. Da äußern KlientInnen den Wunsch, dass sie gerne sexuell aktiver wären, wenn sie sich in un-lust-igen Phasen wähnen. Auf die Frage, was hinter ihrem Wunsch stehe, bekomme ich häufig zur Antwort: „Wenn ich sexuell aktiver wäre, müsste ich nicht eifersüchtig sein, dann würde sie, würde er sicherlich nicht fremdgehen!"

Sexualität als Ausdruck von Reife

In vielen Gesprächen höre ich, dass die Sexualität im Alter intensiver erlebt wird. Eines meiner Lieblingszitate, das diese Tatsache so treffend und humorvoll ausdrückt, stammt von dem amerikanischen Sexualtherapeuten David Schnarch: *„Zwischen Zellulitis und leidenschaftlichem Sex besteht ein enger statistischer Zusammenhang."*

Keine andere Spezies auf Erden braucht so lange, um die volle sexuelle Reife zu erreichen wie der Mensch. In der menschlichen Sexualität geht es nicht nur um Techni-ken wie beim Kamasutra. Viele Menschen erreichen ihre sexuelle Reife nie – diejenigen, denen es gelingt, sind meist schon in ihren Vierzigern oder Fünfzigern. Das beruht vor allem darauf, dass sinnerfüllte Sexualität nicht auf physiologischen Reflexen basiert, sondern sie setzt eine bestimmte Stufe der persönlichen Entwicklung voraus.

Die 57-jährige Sabine beschrieb das in einem Brief treffend:

„Mein Vergnügen am Sex stieg proportional zu meinem Selbstbewusstsein und mit der Erlaubnis, die ich mir selber gab, den Kuchen genießen zu dürfen, ohne ständig das Gefühl zu haben, mich sofort revanchieren zu müssen. Der erleichternde Schlagoberstupfen war, dass ich auch meine Angst abgelegt habe, ob ich schlank und makellos genug wäre, mich beim Sex so zu zeigen, wie ich bin. Mit vierzig begann die Absolution, nicht mehr schön und schlank sein zu müssen, ab da hieß es nur noch ,Für vierzig schaust du noch gut aus' – und seit dieser Zeit kümmern mich keine äußeren Normen mehr, seitdem geht es mir nur noch darum, zu schauen, dass es mir gut geht – und das vor allem beim Sex! Es war ein langer Lernprozess, aber es hat sich gelohnt!"

Sexualität ist, zumindest in Verbindung mit Intimität, nicht naturgegeben. Sie stellt vielmehr ein naturgegebenes *Potenzial* dar, das wir nur dann auszuschöpfen vermögen, wenn wir uns entwickeln.

Sexualität und Erotik

Worin bestehen eigentlich die Unterschiede zwischen Erotik und Sexualität? Der Fortpflanzungsaspekt der Sexualität sichert das Überleben unserer Spezies, während die Erotik uns die Möglichkeit eröffnet, Lust um ihrer selbst willen zu genießen. Erotik speist sich aus Zwischentönen und Nuancen und aus der Art und Weise, wie man zueinander in Beziehung tritt. Es geht dabei mehr um Ideen und Vorstellungen als darum, was die Genitalien konkret tun oder wie gut man körperlich in Form ist. Aus der Erotik entsteht die Atmosphäre, die zwischen zwei SexualpartnerInnen vorherrscht, auch wenn es (noch) nicht zum Sex kommt.

Können Sie sich an dieses Knistern erinnern, das wie eine magische Wolke um Sie herum war, als Sie den Menschen Ihrer Begierde zum ersten Mal berührt haben? Ich gebe zu, am Anfang einer Beziehung ist es leicht, diese Erotik wahrzunehmen – im Gegenteil, man müsste schon gefühllos sein, um nichts zu spüren. Mit der Zeit geht das Gespür für diese Atmosphäre oft verloren, auch wenn sie vorhanden ist. Sich immer wieder bewusst zu machen, worin die Anziehung zu Beginn einer Beziehung bestanden hat, wirkt oft automatisch wie eine Wiederbelebung derselben. Und in unserem eigenen Interesse ist es lohnenswert, die Reanimationsmaßnahmen der Erotik in der Beziehung gezielt zu üben.

Sechster Mythos: Sex ist jung und schön!

In unserer Kultur hat die Körperästhetisierung seit Jahrzehnten Hochkonjunktur und mit kaum etwas lässt sich so viel Geld verdienen wie mit der Schönheit. Ärztliche und gesundheitliche Leistungen dürfen Ottilie und Otto Normalverbraucher, jedenfalls in Österreich, nichts kosten, wohingegen in Schönheit Unsummen investiert werden. Die Werbung redet uns ein, dass wir lange Fingernägel und aufgeklebte Wimpern brauchen – gut, dann brauchen wir das eben, und die Konsumentinnen machen dafür ohne viel zu hinterfragen große Geldbeträge locker. Kleine Brüste sind out? Kein Problem, Töchter bekommen zum 18. Geburtstag eine Brustvergrößerung, zur Hochzeit eine Fettabsaugung an den Hüften und zum fünften Hochzeitstag eine Labienkorrektur. Der Designer-Sex boomt, SchönheitschirurgInnen und GynäkologInnen in den USA bieten eine Designervagina zum Schleuderpreis an. Es werden keine Kosten, Mühen und Schmerzen gescheut – Hauptsache, unser Intimbereich gleicht dem einer Zwölfjährigen. Und weil immer wieder neue Trends und Einnahmequellen gesucht werden, wurde das sogenannte Anal-Bleeching erfunden. Es kann doch nicht sein, dass die Natur unsere Haut rund um den Anus so hässlich dunkel aussehen lässt! Kein Problem, wir merzen den Fehler der Natur aus – deshalb machen wir es mit dieser Körperregion wie Michael Jackson mit seinem Gesicht: vorher dunkel, nachher weiß.

Sie wundern sich über meine Suada? Darüber, warum ich hier verärgert über Intimoperationen und Designervaginas schreibe?

Ich wünschte, das wäre nur ein Alptraum, pure Phantasie, doch leider ist es Realität. Zu Brustoperationen und anderen sogenannten „Schönheitsoperationen" hat sich eine weitere Spielart der schmerzhaften chirurgischen Adaptierungen gesellt: Operationen am weiblichen Genital. Die großen Schamlippen werden ein bisschen mit Fettinjektionen unterspritzt, die kleinen Schamlippen werden weggeschnipselt, die Dinger braucht ja keiner, die Schambehaarung zum Teil weggelasert und der Rest grün gefärbt, die Klitoris wird zurechtgerückt und an ihr Vorhäutchen wird auch noch Hand angelegt, um sie nur ein bisschen keck hervorschielen zu lassen, gerade richtig eben. Eine westliche Genitalverstümmelung! Und das gewollt und gewünscht, ja sogar heiß begehrt, basierend auf dem soziokulturellen Megatrend, mit dem eigenen Körper unzufrieden zu sein. Aber das soll keine Hürde sein – schnell zum plastischen Chirurgen, und schon können wir unseren Körper einer Skulptur gleich dem Idealbild anpassen. Dass wir diese Unzufriedenheit Einflüssen von außen verdanken, ist uns nicht bewusst. Tatsächlich unterscheiden sich die Schönheitsideale des Intimbereichs in verschiedenen Kulturen stark. So werden zum Beispiel von den Khoi San in Südafrika stark ausgeprägte, von außen deutlich sichtbare Schamlippen als schön empfunden. Dies hat dazu geführt, dass Frauen dieses Stammes sowohl durch natürliche Selektion als auch durch äußere Einwirkung, wie das Dehnen der Labien, sehr dominante Schamlippen entwickelt haben.

Sollten wir vielleicht – angelehnt an das Wortspiel „Gehgutigut" statt „Geschlecht" – die Schamlippen als Glückslippen bezeichnen, um einen besseren emotionalen Zugang zu ihnen auszubilden?

Wenn man die Internetseiten von Schönheitschirurgen besucht, bekommt man den Eindruck, dass das eigene Gehgutigut nur dann gut geht, wenn es dem Schönheitstrend entspricht.

Auf einer Website wird eine Frage an Frauen gerichtet, die offenbar schon ein Facelifting hinter sich haben. Steht dort doch glatt zu lesen: *Wollen Sie wirklich, dass Sie mit glattem und jung wirkendem Gesicht im Bett ihr wahres Alter preisgeben, wenn der Geliebte das naturbelassene Geschlecht sieht?* Nein, selbstverständlich möchte das frau unter keinen Umständen! Ein harmloser kleiner Eingriff, höchstens 20 Minuten dauernd, schafft Abhilfe und ist ein Garant für strahlende Schönheit im Intimbereich.

Natürlich wird im Aufklärungsgespräch über mögliche Komplikationen gesprochen wie Wundheilungsstörungen, veränderte Berührungsempfindungen, mögliche Schmerzen beim Geschlechtsverkehr und narbige Einziehungen. Und frau muss das auch unterschreiben. Aber keine glaubt, dass das ihr selbst passiert – bis frau dann in den Foren im Internet von den Beschwerden liest und die eigene gleich hinzufügt. Und dann wird der böse Schönheitschirurg geklagt – der aber eigentlich nur das getan hat, was frau zuvor von ihm verlangt hat. Nicht umsonst zahlen SchönheitschirurgInnen die höchsten Summen im Vergleich zu anderen Fachgruppen an die Berufshaftpflichtversicherung; keine andere ärztliche Berufsgruppe wird so häufig geklagt, weil das Resultat nicht dem entsprach, was frau sich erhoffte, oder weil im Aufklärungsgespräch kolportierte, jedoch ignorierte Komplikationen dann tatsächlich aufgetreten sind.

Das ganze (Un-)Glück gibt es auch noch kostengünstig: Während seriöse SchönheitschirurgInnen sich ihre Reputation für 2.000 Euro zahlen lassen, gibt es Okkasionen um 600 Euro bei No-Name-ChirurgInnen, und wer bereit ist, ein bisschen weiter zu fahren, bekommt die Designervagina um 300 Euro in den angrenzenden Nachbarländern wie Tschechien oder Ungarn. Jetzt sind wir Mittelalterlichen jung – und deshalb wollen wir noch jünger aussehen.

Ich gebe ehrlich zu, dass ich Mitte zwanzig, als meine Persönlichkeit noch jedes Selbstwertes entbehrte, auch immer von einer Straffung meines heiligen Busens träumte, damit er mir nicht auf die Knie fällt, wenn ich den BH abnehme. Den Traum verwarf ich alsbald. Denn während meiner Ausbildung zur Allgemeinärztin im Krankenhaus musste ich eine 75-jährige Frau stationär aufnehmen. Sie sah ausgesprochen attraktiv aus. Ihr Gesicht hatte kaum eine Falte. Zur Aufnahmeuntersuchung bat ich sie, sich bis auf den Slip auszuziehen. Blitzartig verschwand das jugendliche Flair der alten Dame. Ihre wie Melonen prall gefüllten Brüste und ihr mittels Botox faltenlos geglättetes Gesicht standen in krassem Kontrast zur altersgerechten Haut des restlichen Körpers, die wie ein Raffrollo die operierten Teile grotesk umrahmte.

In diesem Moment beschloss ich, an meiner Selbstliebe und Selbstakzeptanz zu arbeiten, um meinen Körper so anzunehmen, wie er war. Ich nahm mir die unnachahmliche Sängerin und Schauspielerin Barbra Streisand zum Vorbild, die auf die Frage einer Reporterin, warum sie sich ihre große Nase nie operieren ließ, antwortete: „Früher hatte ich kein Geld, um mir die Nase operieren zu lassen. Und jetzt bin ich alt genug für meine Nase." Ich bin jedenfalls davon überzeugt, dass uns die Natur zu jeder Zeit das passende Aussehen und die richtigen Proportionen gönnt!

Auch in meiner gynäkologischen Ordination kommt es immer wieder vor, dass Damen am Aussehen ihres Gehgutiguts (ver-)zweifeln. Selbst Mütter kommen mit ihren zehn-, elf- oder zwölfjährigen Töchtern, wenn diese eine Ausprägung der weiblichen Körpermerkmale zeigen und auch die kleinen Schamlippen infolge des Hormoneinflusses wachsen. Die Mütter bitten mich, einen Blick auf das Genitale der Tochter zu werfen und um abzuklären, ob es denn normal wäre, dass die kleinen Schamlippen nicht mehr klein seien. Dass die kleinen Schamlippen die großen nicht überragen sollten, ist anscheinend in unsere Vorstellung eingebrannt. Ich beruhige die Mütter dann, dass es bei mindestens 90 Prozent aller Frauen nicht so ist. Und um bei den jungen Damen die Verunsicherung, die sie bei der Mutter spüren, nicht keimen zu lassen, betone ich, dass ihre Schamlippen vollkommen in Ordnung und wunderschön sind.

Häufig erlebe ich, dass jugendliche Frauen zu Beginn ihrer ersten sexuellen Beziehungen aufgelöst und verzweifelt sind, weil sie glauben, dass ihre Vagina hässlich und unansehnlich ist, und sie treten dann mit dem Wunsch nach einer Labienkorrektur an mich heran. Ich freue mich jedes Mal, dass diese herzbewegend unglücklichen Frauen das Vertrauen zu mir haben, dieses heikle Thema anzusprechen, und ich versuche, Ihnen viel Mut zuzusprechen, dass sie sich so annehmen, wie die Natur sie gemeint hat, da bis jetzt alle, die mir ihr Leid geklagt haben, der „Norm" entsprochen haben.

Natürlich höre ich auch häufig, dass aufgrund der vermeintlich zu großen kleinen Schamlippen ein Radfahren oder Tragen enger Hosen unmöglich wäre. Wenn ich bemerke, dass diese Frauen Humor vertragen, frage ich dann keck: Wie wird dieses Problem wohl von Männern bewältigt, die in solchen Situationen durch ihre Anatomie stark eingeschränkt wären? Müsste dann nicht im Sinne einer hodensackgerechten Mode der Schottenrock weltweit eine Renaissance erleben? Und der Radsport gehörte dann sowieso in die Hände bzw. den Schoß der Frauen.

Apropos Männer: In Zeiten der aufgezwungenen Ganzkörperrasur und der Kopfhaartransplantationen hoffe ich inständig, dass Ihnen die Fettunterspritzung zur Straffung des Hodensackes und die Korrektur der meist ungleichen Seiten desselben ebenso erspart bleiben möge wie eine Penisplastik allein zu dem Zweck, das gute Stück einem aktuellen Schönheitstrend anzupassen!

Häufig sind die Frauen nicht nur mit der eigenen Vagina unzufrieden, sondern mit dem gesamten Aussehen. Die Figur sollte der einer Barbiepuppe gleichen – mit der Taille einer Vierjährigen und dem Becken einer Dreizehnjährigen. Dass wir mit solchen Maßen von der Statik her nicht einmal aufrecht gehen könnten, spielt keine Rolle – wenigstens schön, attraktiv und sexy. Aber auch glücklicher? Ich wage, das vehement in Frage zu stellen!

Manchmal, wenn ich mit Frauen spreche, die sich gerne von Kopf bis Fuß verändert sehen würden, da sie ihre natürliche Attraktivität leider nicht erkennen, frage ich, ob es für sie nicht eine Option wäre, sich noch ein paar Monate Zeit zu geben, bevor sie sich unters Messer legten, und ob sie nicht zwischenzeitlich eventuell mit einer Psychotherapeutin oder einem Psychotherapeuten am Selbstwert arbeiten wollten.

In unserer Gesellschaft werden Vitalität und Sexappeal mit Fitness gleichgesetzt. Und Fitness mit Jugend.

Gut und schön, ich möchte aber die Frage aufwerfen, ob dieser Jugendwahn nicht zu einer Entwertung des Alters führt. Nicht erst einmal haben mir arbeitslose Frauen und Männer um die fünfundvierzig gesagt: „Wenn ich mich um einen Job bewerbe, höre ich immer nur, ich sei zu alt." Zu alt zum Arbeiten – und natürlich auch für körperliche Freuden und Genüsse. Wir müssen uns wohl eingestehen, dass wir alten Menschen das Recht auf Sexualität absprechen.

Ich erinnere mich noch an eine Situation aus meiner Jugend. Wir waren eine Gruppe von Jugendlichen, denen eine Pflegerin eines Altenheims erzählte, dass eine rüstige Bewohnerin mit einem ebenso fidelen Achtzigjährigen immer wieder beim Sex an den verschiedensten Orten erwischt worden sei. Für mich war das damals ein witziger Gedanke. Doch erst seit ich selbst aufgrund meines Alters zum Amüsement mancher Jugendlicher beitrage, wenn ich mit meinem Partner in aller Öffentlichkeit schmuse (Wie können sich bloß zwei so Alte mitten auf der Straße küssen!?), und seit ich mich eingehend mit dem Thema Sexualität auseinandersetze, ist mir bewusst, wie wenig Gelegenheit ältere Menschen in Betreuungseinrichtungen haben, ihre Sexualität zu leben – von Menschen mit Behinderungen ganz zu schweigen. Auch eine versteckte, aber entdeckte Masturbation läuft Gefahr, durch Personal oder Angehörige entwertet zu werden.

Ich sehe in meinen Vorträgen immer wieder die erstaunten Gesichter von nicht nur sehr jungen Menschen, sondern sogar von Vierzig- oder Fünfzigjährigen, wenn ich von alten Paaren über siebzig spreche, die noch Sex haben. Automatisch wird angenommen, dass dafür Viagra oder andere Hilfsmittel nötig wären. Die Erfahrung aus meinem gynäkologischen Alltag zeigt aber, dass Frauen in höherem

Alter wieder häufiger Sex haben und auch mehr Freude daran entwickeln können, als Frauen, die mitten im Berufsleben stehen, mit der Dreifachbelastung Kinder, Haushalt und Beruf … und bei einigen kommt zusätzlich noch die Pflege von Angehörigen dazu.

Auch bei Männern zeigen Umfragen, dass Erektionsprobleme in Zeiten großer beruflicher Belastung weitaus häufiger vorkommen als bei gesunden Männern über fünfundsechzig.

Ich habe nicht erst einmal miterlebt, dass besorgte Bekannte einem alten oder kranken Familienmitglied den Rat gaben, von Sex Abstand zu nehmen, um nicht vor Überanstrengung einen Herzinfarkt zu bekommen. In den meisten Fällen ist das ein haarsträubender Unsinn, womit man Menschen, die die Nähe anderer nicht mehr spüren dürfen, die schönsten Seiten des Lebens raubt. Infolge dieser Erkenntnis haben, ausgehend von der Schweiz und Liechtenstein, in den vergangenen Jahren sogenannte SexualassistentInnen begonnen, ihre Dienste anzubieten. Im Rahmen von Massagen und Pflegetätigkeiten berühren sie alte Menschen und Menschen mit Behinderungen auf deren Wunsch hin sexuell: Manche bieten Hilfe bei Masturbation an oder befriedigen sie manuell oder oral bzw. haben auch mit ihnen Geschlechtsverkehr. SexualassistentInnen werden entweder von den KlientInnen selbst oder auf deren Wunsch hin durch ihre Angehörigen engagiert und bezahlt.

Der amerikanische Sexualtherapeut Bernie Zilbergeld erzählt in seinem Buch *Männliche Sexualität* zum Thema Sexualität und Alter gerne die Geschichte von „Tantchen":

„Tantchen, wie sie von all ihren Freunden genannt wird, ist jetzt vierundachtzig und immer noch sexuell aktiv. Sie hat viele Liebhaber. Ihre ältere Schwester, mit der sie seit Jahren zusammenlebt, ist über die Aktivitäten zutiefst empört. Als Tantchen vor ein paar Jahren auf dem Weg zu einer Verabredung war, begann ihre Schwester mit der üblichen Moralpredigt, dass sich eine Frau ihres Alters doch nicht so benehmen könne und was denn nur die Nachbarn denken würden. Kurz bevor sie aus der Tür ging, drehte sich Tantchen um und sagte: ‚Keine Sorge, ich komme schon nicht mit einem Kind nach Hause.' Als man zuletzt von ihr gehört hatte, war Tantchen im Begriff, engere Kontakte zur jüngeren Generation aufzunehmen. Sie war gerade von einem Urlaub zurückgekehrt, wo sie einen netten jungen Arzt kennen gelernt hatte, der erst einundsiebzig war …"

Ich finde es wunderbar, wenn wir – egal in welchem Alter – den Mut haben, unsere Sexualität zu erkennen und sie nach unseren Bedürfnissen zu leben. Unabhängig davon, ob es sich in dem jeweiligen Alter „gehört" oder nicht, ob das Bedürfnis viele Jahre lang dahinschwelt und plötzlich wieder auflodert, ob gar ein Windstoß eine Feuersbrunst entfacht oder schlussendlich ganz auslöscht. In der Landwirtschaft hat sich der Trend *Zurück zum Ursprung* bzw. *Zurück zur Natur* schon durchgesetzt. Ich würde mir wünschen, dass wir diese Einstellung auch zu unserem Körper haben: Dass wir so in Ordnung sind, wie wir von der Natur ausgestattet wurden.

Vielleicht würden wir den Wert unseres wunderbaren Körpers höher schätzen, wenn wir jeden Tag viel Geld dafür zahlen müssten, um ihn so sein zu lassen, wie er ist.

Siebenter Mythos: In unserer aufgeklärten Zeit gibt es keine sexuellen Tabus mehr

Jede Zeit hat ihr eigenes Bild von Sexualität. In den 1960er-Jahren, zur Zeit der sexuellen Revolution, wurden sexuelle Phantasien frei *leb-bar*. Experimente in jegliche Richtung waren gestattet. Egal ob Gruppensex, Partnertausch, Bi-Sexualität – alles war erlaubt, ja fast schon ein Muss. Obwohl ich selbst diese Zeit nicht erlebt habe, bin ich durch meine Recherchen zu der Überzeugung gekommen, dass auch diese Periode der „freien Sexualität" nicht wirklich frei war. Denn eine monogam gelebte Jugendzeit war damals in vielen Kreisen *out,* und dass man sich für so eine Beziehungsform nicht entscheiden konnte (wenn man nicht altmodisch erscheinen wollte), konnte genauso großen Druck ausüben wie zuvor die Doktrin, monogam leben zu müssen.

Heute ist Sex so allgegenwärtig, dass man meinen könnte, es gäbe keine Tabus mehr und die bisher abgehandelten Themen hätten keinen Einfluss auf uns. Es gibt kaum noch Filme außer *Pu der Bär* und Tierdokus, in denen wir nicht mit Nacktheit und Sexszenen konfrontiert werden, abgesehen von den Fortpflanzungsszenen der Seepferdchen.

Der Pornokonsum im Internet ist vielen tägliches Brot, auch Jugendlichen – laut einer Umfrage aus dem Jahr 2009 haben zweiundvierzig Prozent der Elf- bis Dreizehnjährigen mindestens einmal Pornografie im Internet gesehen. Während uns von Plakatwänden der halb entblößte Busen diverser Schönheiten, die für Zahncremen oder Fenster werben, entgegenspringt, löst die Frage nach Problemen beim Geschlechtsverkehr im Rahmen einer gynäkologischen Kontrolle Scham und Unbehagen aus – sowohl bei Patientinnen als auch bei ÄrztInnen. Es wagen viele Frauen und Männer kaum, solche Themen von sich aus bei den ÄrztInnen ihres Vertrauens anzusprechen.

Aus vielen Zeitungsartikeln und Büchern erfahren wir, dass Sex gesund ist – es wurde sogar schon der Begriff *sexual health* geprägt, der suggeriert, dass neben regelmäßiger Bewegung, gesunder Ernährung und ausreichend Schlaf eine regelmäßige sexuelle Aktivität für unsere Gesundheit unerlässlich ist. Regelmäßige Ejakulationen sollen, statistisch gesehen, die Anzahl der Prostatakrebserkrankungen reduzieren, was zu Spielchen im Schlafzimmer führen kann: „Was, du willst heute keinen Sex mit mir? Möchtest du mich umbringen?" Weiters wird die Kalorien verbrauchende Eigenschaft von Sex hervorgehoben, um den Menschen einen Ansporn zu geben, im Bett aktiver zu sein. Bist du heute nicht zu sportlichen Aktivitäten gekommen? Dann hab doch Sex und du hast dir deine Nachspeise verdient. Verbrennt Otto Normalverbraucher 600 Kalorien pro Stunde Joggen, so wird der durchschnittliche Kalorienverbrauch bei einer Stunde Sex inklusive Orgasmus auf 400 Kalorien geschätzt. Wozu sich im Laufdress quälen, wenn ich in den eigenen vier Wänden nahezu gleich viele Kalorien verbrauchen kann? Auch dass es notwendig ist, regelmäßig sexuell aktiv zu sein, wird in den Medien unterstrichen. Da ist die Rede von einer „gesunden" Frequenz zweimal die Woche, oder man zitiert Martin Luther, der schon Anfang des sechzehnten Jahrhunderts meinte: „In der Woche zwier schadet weder dir noch ihr, macht im Jahre hundertvier." Ich getraue mich zu sagen, dass gerade die Frage, wie oft man Sex hat, auf die meisten Paare heute noch immer einen starken Druck ausübt. Egal ob man Lust hat oder nicht, die Hauptsache ist, man hat regelmäßig Sex.

Sie können sich bestimmt noch an Elisabeth erinnern, von der ich schon erzählt habe: Sie wollte unbedingt mehr Lust haben, um mit ihrem Mann öfter als einmal in sechs Wochen zu schlafen; und sie war dann erstaunt, als sie erfuhr, dass ihrem Mann diese Frequenz völlig reichte bzw. sogar zu viel war. Dieser Mythos vom regelmäßigen Sex ist in unserer gesellschaftlichen Erwartungshaltung und in unserem Denken so verankert, dass wir vergessen, auf unsere Bedürfnisse und auf die des Partners oder der Partnerin zu achten.

Es gibt kein Tabu mehr bei den Sexualpraktiken: Oral-, Anal-, Vaginalverkehr, alles ist erlaubt. Alles ist ein *Muss*. Es ist gut so, dass viele Sexualpraktiken, die früher als Perversitäten angesehen wurden, heutzutage erlaubt sind, jedoch nur, wenn sie nicht zum Zwang werden. Doch mit dem Partner über die eigenen sexuellen Wünsche zu sprechen – was willst du, was will ich, was wollen wir beide? –, damit haben viele Menschen noch große Schwierigkeiten.

So ist Sex in aller Munde – aber nur die Art von Sex, wie wir glauben, dass er zu sein hat, und nicht jene Art von Sex, wie wir ihn uns vorstellen und wünschen. Manchmal gibt es in uns Wünsche und Phantasien, die wir spüren, aber nicht auszudrücken wagen, um nicht den Anschein zu erwecken, „abnormal" zu sein.

Um ein Beispiel zu nennen: Sadomasochismus löst in vielen Menschen ambivalente Gefühle wie Neugierde, Angst, Ekel oder Erregung aus, und er zählt immer noch zu den sexuellen Tabus unserer Gesellschaft. Nicht umsonst hat die britische Autorin L.E. James mit ihrem Buch „Fifty

Shades of Grey" so viele LeserInnen in ihren Bann gezogen, vielleicht auch abgestoßen. Die psychologische Bedeutung des Sadomasochismus ist ungeklärt, es scheint jedoch so zu sein, dass viele Menschen derartige Wunschbilder in einer abgeschwächten, milden Form imaginieren, dies aber kaum jemals ausgelebt wird.

Unter Sadismus versteht man, einer anderen Person bewusst wiederholt Schmerz zuzufügen. Namensgeber dieses Begriffes ist der französische Marquis de Sade, der sich ausführlich mit Grausamkeit als Mittel zur sexuellen Lusterfüllung befasste. Masochismus wiederum charakterisiert einen Affekt, bei dem ein Mensch sexuellen Lustgewinn erzielt, wenn ihm Schmerz zugefügt oder er erniedrigt wird. Der Masochismus ist nach dem österreichischen Schriftsteller Leopold Baron von Sacher-Masoch benannt, der in seinem Roman *Venus im Pelz* ausführlich die Wonnen des Schmerzes beschrieb.

Sadismus reicht von behutsamen, sorgfältig kontrollierten Rollenspielen bis zur Körperverletzung mit Folterung, Vergewaltigung und sogar Lustmord; und auch beim Masochismus erstreckt sich die Spannweite von milden zu extremen Varianten. Für die meisten Menschen, die sich, manchmal nur versuchsweise, auf solche Spielarten der Sexualität einlassen, scheint es verlockend zu sein, über die Stränge des „normalen" Sexualverhaltens schlagen zu können. Nur für wenige hängt das Lustempfinden wirklich von sadomasochistischen Handlungen ab. Sie sehen, die Variationsbreite ist immens, und auch wenn viele glauben, dass es in unserer aufgeklärten Zeit keine Tabus mehr gäbe, so möchte ich das anzweifeln. In Gesprächen rufen solche Themen, insbesondere bei Jugendlichen, noch immer Unbehagen hervor.

Sex mit sich selbst

Ein weiteres Tabuthema ist die Selbstbefriedigung. Vielleicht haben auch Sie die Erfahrung gemacht, dass in Ihrem Umfeld der *Sex mit sich selbst*, wie ich es liebevoll nenne, verteufelt wurde.

Ich kann mich gut an eine Klientin erinnern, die von ihrem Partner zu mir zur Sexualberatung geschickt wurde, weil er überzeugt war, sie wäre frigid und nymphomanisch zugleich. Aber das alles erzählte sie mir anfangs nicht.

Sabine war etwa Mitte zwanzig. Sie wirkte etwas schüchtern, als sie das erste Mal vor mir saß. Ich fragte, was sie von dem Gespräch mit mir erwarte.

„Ich möchte Sie bitten, mir etwas darüber zu erzählen, wie das mit der Sexualität wirklich funktioniert", antwortete Sabine.

Sie schaute mich abwartend an. Als von mir keine Antwort kam, weil ich zuwarten wollte, ob sie mir Näheres erklären würde, fuhr sie schüchtern fort: „Ich habe den Eindruck, dass das Ganze nicht so leicht ist ... ich meine, in der Sexualität Erfüllung zu finden und glücklich zu sein. Jedenfalls nicht so einfach, wie einem das überall vorgegaukelt wird."

Ich kannte Sabine schon von früher, da sie zu den gynäkologischen Routineuntersuchungen in meine Praxis kam. Wie mit vielen Klientinnen habe ich auch mit ihr über Aufbau und Funktion der männlichen und weiblichen Sexualorgane gesprochen, doch diesmal hatte ich den Eindruck, dass sie etwas belastete.

„Wissen Sie, eigentlich bin ich ja hier, weil ich mit Ihnen drüber reden möchte", brach es plötzlich aus ihr heraus. „Weil ich ... weil ich frigid bin ..."

Erstaunt blickte ich sie an und fragte, was sie zu dieser Annahme führe, da ich bis jetzt noch nie eine wirklich frigide Frau getroffen hätte. Was es gab, waren Frauen in *unlust-igen* Phasen, die quasi teilfrigid oder übergangsweise frigid waren, sofern man das Wort in diesem Zusammenhang überhaupt verwenden wollte.

Sie schüttelte den Kopf und verteidigte vehement ihre Ansicht: „Nein, ich bin wirklich frigid! Das sagt sogar mein Freund!"

Hoppala!, dachte ich. *Sogar der Freund sagt das.* In meinem Kopf heulten die Alarmsirenen los. Ich entschuldigte mich, dass ich noch nicht verstanden hätte, was hinter ihrer Mutmaßung und der ihres Freundes stünde und wie sie beide die Frigidität festgestellt hätten.

Mit gesenktem Blick flüsterte Sabine: „Ganz einfach: Weil ich keinen Sex möchte."

Ah ja, das leuchtete mir ein. „Das heißt, Sie haben gar keinen Sex mit Ihrem Partner?"

„Na ja, schon", antwortete Sabine, „so ein- oder zweimal im Monat."

Auf meine Frage, ob das für sie selbst oder ihren Partner ein Problem sei, schüttelte sie nur den Kopf.

Im ersten Moment war ich sprachlos, weil ich mit dieser Antwort nicht gerechnet hatte. Meistens beginnt nach dieser Frage ein Monolog aus dem ersten Akt des Trauerspiels *Er-mag-so-oft-aber-ich-nicht.* Ich bat um Verzeihung, dass ich noch immer so begriffsstutzig sei, und ersuchte, mir zu erklären, worin das Problem liege, wenn beide zufrieden seien mit einer sexuellen Frequenz von ein- bis zweimal pro Monat.

Sabine schaute mich an, als wolle sie prüfen, ob wir dieselbe Sprache sprächen. Sie wunderte sich, warum ich noch immer nicht kapiert hatte, und erklärte: „Das Problem ist, dass ich eigentlich nymphomanisch bin."

Wumms! Das saß! Eine frigide Nymphomanin hatte ich ja überhaupt noch nie getroffen. Jetzt war ich vollends verwirrt. So spielten wir dasselbe Spiel wie einige Minuten zuvor: Wie sie denn auf die Idee komme, dass sie nymphomanisch sei, warum sie und ihr Freund diese Sichtweise hätten bei ein- bis zweimal Geschlechtsverkehr im Monat?

Sabine, wieder mit gesenktem Blick und flüsternd: „Na ja, weil ich mich drei- bis viermal am Tag selbst befriedige, und das weiß natürlich mein Freund auch."

Wieder meine Frage, ob das für sie oder ihren Partner ein Problem sei?

Kopfschütteln. „Ich empfinde die Selbstbefriedigung einfach als sehr entspannend, ich fühle mich danach wohl."

Ich musste leider zugeben, dass ich ihr noch immer nicht folgen konnte und auch nicht erkannte, worin das eigentliche Problem lag, da weder die Häufigkeit des Geschlechtsverkehrs noch die Masturbation ein Problem sei. Es bedurfte noch einiger Fragen, bis sich der Schleier des Unverständnisses lichtete. Sie sorgte sich, wie auch ihr Partner Wolfgang, um ihre Gesundheit, und daher überlegten sie, ob sie nicht mehr Sex gemeinsam haben sollten, damit Sabine nicht so oft Sex mit sich selbst haben müsse.

Als die junge Frau endlich ihr Herz ausgeschüttet hatte, fügte sie mit einem verschmitzten Grinser hinzu: „Obwohl es ja die einzige hundertprozentige Erfolgsgarantie ist, wenn ich Sex mit mir selber habe."

Unser weiteres Gespräch drehte sich um das noch immer in der Gesellschaft vorherrschende Bild, dass Masturbation schädlich sei. Sabine bestätigte mir dabei, dass sie als Kind von ihrer Großmutter oft gewarnt worden wäre, sie sollte sich ja nicht selbst befriedigen, da man davon blind, blöd und taub würde. Auch wurde sie mit „Pfui ist das grauslich"-Rufen davon abgehalten, sich selbst an den „unanständigen Körperstellen" zu berühren, wobei sie als Kind nicht verstanden habe, was daran so schlecht sei, da sich erwachsene Männer doch häufig in den Schritt griffen.

Sabine war sehr erleichtert, endlich einmal über ihre diesbezüglichen Sorgen und Befürchtungen reden zu können. Sie meinte: „Es ist ja so, eigentlich dachte ich eh immer, dass Selbstbefriedigung nicht die verheerende Wirkung hat, die man ihr andichtet – aber Gedanken macht man sich trotzdem … meist hat ja jeder Mythos einen wahren Kern."

Ich nickte verständnisvoll, diese Verunsicherung kenne ich nur zu gut. Es sind diese tradierten, oft jahrhundertealten Geschichten, die in unseren Köpfen schlummern und gelegentlich wie böse Erinnerungen aus uns hervorbrechen. Ich wollte Sabine die Ängste nehmen und begann, ihr die Geschichte der Masturbation zu erzählen.

Bis heute ist für die katholische Kirche Selbstbefriedigung eine schwere Sünde. Die Frage des Priesters im Beichtstuhl *Hast du gesündigt, hast du Hand angelegt an dir selbst?* ist Legende. Die Wurzeln reichen bis ins Alte Testament zurück.

Onans Geschichte wird in der Genesis erzählt (Kapitel 38, 8–10). Onan musste die Witwe seines verstorbenen Bruders heiraten, um in dessen Namen Nachkommen zu zeugen. Es war zu Zeiten des Alten Testaments ein üblicher Brauch, einen noch lebenden Bruder als Ersatzehemann zu verpflichten.

„Da sprach Juda zu Onan: Gehe zu deines Bruders Weib und nimm sie zur Ehe, dass du deines Bruders Samen erweckest. Aber da Onan wusste, dass der Same nicht sein eigen sein sollte, wenn er einging zu seines Bruders Weib, ließ er's auf die Erde fallen und verderbte es, auf dass er seinem Bruder nicht Samen gäbe. Da gefiel dem Herrn übel, was er tat, und er tötete ihn auch."

So entstand der Begriff der *Onanie* für Selbstbefriedigung, da das „auf die Erde fallen" des Samens als Selbstbefriedigung interpretiert wurde. Andere deuten die Stelle so, dass Onan zwar Geschlechtsverkehr mit seiner Schwägerin gehabt habe, er hätte aber das Glied vor der Ejakulation im Sinne eines *Coitus interruptus* zurückgezogen. Onan wurde von Gott allerdings nicht wegen des Coitus interruptus bzw. der Selbstbefriedigung bestraft, sondern weil er durch die Verweigerung des Ehevollzugs die Blutlinie seines Bruders nicht weiterführen wollte, wie es damals Gesetz war.

Auch die alten Römer und Griechen trugen zur Verunglimpfung ihren Teil bei, indem sie behaupteten, dass Masturbation das Gehirn auflöse. Selbst Hippokrates äußerte noch die Überzeugung, dass übermäßiger Samenverlust zu Rückenmarksauszehrung führe.

Im Jahr 1760 erschien die Schrift *L'Onanisme* des Schweizer Arztes Simon August Tissot, in der er behauptete, dass die Masturbation Krankheiten erzeuge. Diese medizinische Abhandlung erlebte zahlreiche Auflagen und Übersetzungen und warnte vor dem Verlust des Ejakulates, das mit einem flüssigen Schatz verglichen wurde: „Der Samen wird aus dem Blute, mit vielerlei Umständen, welche allezeit ein grosen Werth anzeigen, zubereitet, und er ist so ädel, das wie schon Galenus erinnert, der Verlust einer halben Unze denen Kräften mehr Schaden tut, als wenn man vierzig Unzen Blut abzapft: es erhellet daher von selbst, das die unmäsige Verschwendung dieser Feuchtigkeit viele Krankheiten nach sich ziehen müse." Er war im Übrigen davon überzeugt, dass jegliche sexuelle Aktivität gefährlich sei, weil dabei das Blut in den Kopf getrieben werde. Dadurch gebe es im restlichen Körper zu wenig Blut, weshalb Nerven und andere lebenswichtige Gewebe langsam degenerierten. Und diese Art von Nervenschädigung führe zu Geisteskrankheiten. Die Beweise dafür holte sich Tissot in sogenannten Irrenanstalten, wo man Insassen entweder beim Onanieren beobachtete oder sie dies offen eingestanden.

Auch die Ärzteschaft des 19. Jahrhunderts kämpfte an zwei Fronten gegen die Masturbation: Einerseits verordneten sie den sich selbst befriedigenden PatientInnen eine strenge Diät, wobei diese Alkohol, Austern, Soßen, Salz, Pfeffer, Ingwer, Kaffee und Schokolade meiden sollten, da diese das Sexualverlangen steigerten. Andererseits verschrieben sie „therapeutische Mittel" wie Zwangsjacken im Bett, kalte feuchte Wickel für das Kind, um den Trieb abzukühlen, oder das Anbinden der Hände an den Bettpfosten. Auch ausgefeilte Varianten des mittelalterlichen Keuschheitsgürtels wurden patentiert, die die Kinder und Jugendlichen vor sich selbst und somit vor Geisteskrankheit schützen sollten.

Man könnte jetzt argumentieren: Aber das ist alles schon lange her, das ist doch Geschichte. Ist es eben nicht! Der Mythos lebt weiter. Zwar glauben nicht mehr viele Leute, dass sich unser Gehirn zersetzt, wenn man masturbiert, doch das Tabu ist Teil unseres kulturellen Hintergrunds, es schlummert tief in unseren Köpfen und bricht in Form geheimer Ängste aus uns hervor.

Vielleicht wundern Sie sich, warum ich diesem Thema in meinem Buch so viel Platz widme. Weil ich herausstreichen will, dass Onanie von großer Nützlichkeit auf dem Weg zu einer erfüllten Sexualität sein kann.

In der von *Psychology today* an 52.000 Menschen durchgeführten Umfrage über Sexualität wurden auch einige Fragen zum Thema Selbstbefriedigung gestellt.

Nahezu alle Männer hatten in der Pubertät Hand an sich selbst gelegt, während es bei den Frauen nicht einmal 25 Prozent waren. Gedeutet wurde das Ergebnis so, dass Mädchen schon sehr früh indirekte Botschaften erhalten, die eine unbeschwerte Entdeckung ihres Körpers und der damit verbundenen Lustquellen unterbinden oder gar nicht erst entstehen lassen. Diese Botschaften können verbal ausgesprochene Verbote sein, *Das tut man nicht!*, oder subtile nonverbale Zeichen wie Naserümpfen, Augenverdrehen oder missbilligend zusammengepresste Lippen. Eher modern, aber ein nicht minder schlechtes Gefühl vermittelnd ist es, wenn Eltern das Thema „übersehen" und ignorieren.

Ich denke, es ist wichtig diese Situationen direkt anzusprechen, um den Kindern kein schlechtes Bild von der Selbstbefriedigung zu vermitteln. Man kann dem Kind mitteilen, dass es nichts Schlechtes ist, sich selbst intim zu berühren und ihm gleichzeitig den gesellschaftlichen Umgang mit diesem Thema näherbringen, indem man zum Beispiel sagt: „Ich kann mir vorstellen, dass dir diese Berührungen gut tun – das ist etwas, was dir gefällt und dir ganz alleine gehören darf. Deshalb solltest du das auch in deinem Zimmer machen, damit es deines bleiben kann."

Das mag jetzt ein wenig ungewohnt klingen, aber Sie können es ja in Ihren eigenen Worten formulieren.

Sich selbst anzugreifen und Lust zu verschaffen ist wichtig als Lernerfahrung. Um im wahrsten Sinne des Wortes zu *begreifen*, wie der Körper auf sexuelle Stimulation reagiert, was angenehm oder erregend, störend oder gar schmerzhaft ist. Junge Menschen, die so Erfahrung gesammelt haben, können dadurch mit einem höheren Selbstbewusstsein in ihre erste Liebesbeziehung gehen, als jene, die davon abhängig sind, dass der oder die Auserwählte zeigt, wie es geht. Wenn ich Jugendliche frage – und hier habe ich als Gynäkologin vor allem mit jungen Frauen zu tun –, wie sie ihrem Traummann oder ihrer Traumfrau sagen würden, welche Berührungen sie selbst gerne hätten, welche essenziell wären, um die sexuelle Begegnung als befriedigend zu erleben, dann bekomme ich die unterschiedlichsten Antworten:

Meist wird wenig erfolgreich versucht, die Wünsche durch ein Veto zu vermitteln: „Nicht da – nein – da auch nicht – rüber – rüber – nein, weiter runter – no a Stücki runter – nein, net so weit, warum zuzelst denn an meiner Kniescheibe?!"

Eine ebenso oft vernommene, aber ebenso wenig Erfolg versprechende Variante, ist den oder die Aktive am Haarschopf zu packen und so die Führung zu übernehmen. Als ich von dieser Praxis zum ersten Mal gehört habe, bekam das Wort Joy-Stick für mich eine ganz neue Bedeutung. Manchmal, wenn ich in frecher Stimmung bin, frage ich die jungen Frauen, ob sie schon einmal versucht hätten, verbal auszudrücken, was ihnen gut tut. Meist werde ich dann mit großen Augen angesehen, es folgt ein Kopfschütteln und ich höre Sätze wie: „Ich weiß ja selbst nicht, was ich gerne hätte" oder „Woher soll ich denn wissen, was mir gefällt?"

Mittlerweile ist letztere Frage schon ein kleines Hobby von mir geworden und ich bin immer wieder erstaunt, wie viele – und hier vor allem wieder Frauen – zwar genau wissen, was sie *nicht* wollen, aber nicht die geringste Idee haben, was sie wollen. Das sind dann die Momente, in denen ich Männer nicht darum beneide, sexuelle Natur-talente sein zu müssen. Mir kommt das vor, als ob ich als Waldviertlerin in Zürich eine kleine Pizzeria ohne Stadt-plan und Navigationsgerät finden sollte, was eigentlich egal ist, weil ich keine Adresse kenne, und das Ganze veranstalte ich nur, um meinem Geliebten das beste Tiramisu Euro-pas zu holen. Um den Jugendlichen, an deren Schulen ich eine Zeit lang Aufklärungsunterricht gegeben habe, eine derart schwierige Navigationsaufgabe zu ersparen, habe ich einen Großteil der Unterrichtsstunde darauf verwen-det, ihnen die Vorzüge von Selbstbefriedigung sowie von Kommunikation beim und über Sex näher zu bringen. Und ich machte ihnen die „Hausaufgabe" mit dem Ver-sprechen schmackhaft, dass jeder und jede von ihnen für die Mühen mit einem individuellen Hochgefühl belohnt würde. Manchmal frage ich mich, warum die Schuldirek-torInnen aufhörten, mich einzuladen, den Aufklärungsun-terricht an ihren Schulen abzuhalten …

So großer Beliebtheit sich das Masturbieren bei Männern – und zum Glück auch zunehmend bei Frauen – auch erfreut, in einer Paarbeziehung bleibt es häufig geheim oder gilt sogar als verwerflich. Auf manche PartnerInnen wirkt die Selbstbefriedigung des bzw. der anderen als nonverbales Druckmittel nach dem Motto: „Weil du mit mir keinen Sex hast, *muss* ich meinen Druck selbst los werden." Meistens ist Selbstbefriedigung jedoch nicht nach diesem Motto als Machtinstrument gemeint, sondern sie ist eine eigene sexuelle Spielart, die neben dem partnerschaftlichen Sex durchaus ihre Berechtigung hat.
Manche werfen dem oder der anderen aber auch vor, dabei die wildesten Phantasien mit Fremden zu haben,

und fühlen sich deshalb selbst unzulänglich oder hässlich. Auch dient die Selbstbefriedigung oft als eine Art sexueller Ersatzhandlung, die nur zum Einsatz kommt, wenn der „richtige" Sex (mit dem Partner oder der Partnerin) entweder nicht mehr stattfindet oder momentan unmöglich ist.

Schade! Denn man könnte Masturbation als eigene Spielvariante beim Sex sehen, die sowohl mit als auch ohne PartnerIn größten Unterhaltungswert hat. Genau das haben schon vor vier Jahrzehnten William Masters und Virgina Johnson herausgefunden. Die höchste Intensität der sexuellen Reaktionen des Körpers wurde bei der Masturbation gemessen, was auch dem subjektiven Empfindungen der ProbandInnen entsprach. Das galt sowohl für die eigene masturbatorische Praktik, als auch wenn die Hand der Partnerin oder des Partners geführt wurde.

Die zweithöchste Intensität wurde erreicht, wenn der Partner oder die Partnerin beim jeweils anderen „Hand anlegte", ohne dabei geleitet zu werden. Die niedrigste Intensität erreichten Paare durch den „ganz normalen" Geschlechtsverkehr.

Gestatten Sie mir noch die Bemerkung, dass in der Sexualität, egal ob mit Partner, Partnerin oder mit sich selbst, immer dasselbe gilt: Die körperlichen Reaktionen bleiben die gleichen, aber das Empfinden ändert sich. Somit ist es auch nach vielen Jahren unveränderter Sexualität, die wir am Anfang als hochfliegend und später als langweilig erlebt haben, so, dass nicht der Sex schlechter geworden wäre; unser Empfinden hat sich verändert – der Sex wurde vom hochemotionalen außergewöhnlichen Erlebnis zum wenig erstrebenswerten Alltäglichen.

Homosexualität

In manchen Ländern Afrikas werden Schwule und Lesben heute noch wegen ihrer sexuellen Orientierung ermordet. In arabischen Ländern ist die gleichgeschlechtliche Liebe gesetzlich verboten. Und auch in aufgeklärten westlichen Staaten wie Österreich und Deutschland ist Homosexualität immer noch ein Tabuthema. Davon abgesehen, dass jeder Mensch seine sexuelle Neigung auch leben können soll – egal ob diese homo-, bi- oder heterosexuell ist –, bin ich überzeugt, dass Heterosexuelle von den spezifischen Merkmalen homosexueller Beziehungen viel lernen können. Um diese These besser erläutern zu können, lassen Sie mich kurz in die Vergangenheit abschweifen.

Es ist zwar so, dass heterosexuelle Verhaltensmuster in den meisten Gesellschaftsformen bevorzugt gelebt wurden, doch gab es daneben immer schon die Homosexualität.

Im Griechenland der Antike wurden bestimmte Formen der Homo- und Bisexualität in allen Gesellschaftsschichten als natürlich und selbstverständlich akzeptiert. Selbst Götter und Helden der griechischen Mythologie wie Zeus, Poseidon und Achilles hatten ihre homosexuellen Seiten. Es ist bekannt, dass die meisten Männer im antiken Griechenland die heterosexuelle Ehe eingingen, da es ihre staatsbürgerliche Pflicht war, Kinder zu zeugen. Aber eine gleichgeschlechtliche Neigung oder Praxis galt weder als schandbar noch als sündhaft.

Auch in den Anfängen des römischen Reiches waren gleichgeschlechtliche Beziehungen durchaus normal und die Ehe zwischen zwei Frauen oder zwei Männern war rechtskräftig und wurde jedenfalls in der Oberschicht sozial anerkannt. Selbst einige Herrscher, beispielsweise Kaiser Nero, sollen Ehen mit Männern eingegangen sein.

Der Historiker John Boswell weist in seinem Buch *Christianity, social tolerance and homosexuality* darauf hin, dass es im katholischen Europa über viele Jahrhunderte hinweg keine Homosexuellenfeindlichkeit gab. Zündstoff für die spätere Verdammung der Homosexualität durch die katholische Kirche lieferten die Schriften des heiligen Augustinus von Thagaste und des heiligen Thomas von Aquino. Beide schrieben, dass *jeglicher* Akt geschlechtlicher Betätigung, der nicht der Befruchtung und Fortpflanzung diene, wider die Natur und somit als Sünde anzusehen sei. Das galt aber nicht nur für den gleichgeschlechtlichen Geschlechtsverkehr, sondern auch für den vorehelichen, was zur bekannten Ablehnung der Kirche gegenüber Verhütungsmitteln führte.

In den USA wurde Homosexualität bis zum Jahr 1974 als psychische Krankheit angesehen, und Vorurteile, dass sie abscheulich, unmoralisch und unanständig sei, fand man bis zu diesem Zeitpunkt sogar in Urteilsbegründungen bedeutender Gerichtsfälle. So viel zu den historischen Wurzeln der Homophobie.

Zurück zu meiner These: Wie könnte nun das heterosexuelle Liebesleben gewinnen, würde es sich ein Beispiel am homosexuellen Liebesspiel nehmen?

Masters und Johnson haben in ihren Untersuchungen herausgefunden, dass in weiblichen homosexuellen Begegnungen oft ein ausgedehnter, nichts fordernder Beginn steht, bei dem die Partnerin wiederholt auf ein hohes Erregungsniveau gebracht wird, das sodann wieder abschwellen kann. Dies alles passiert in einer spielerischen, neckischen

Art. So habe es zum Beispiel den Anschein, als streichle eine Frau die Brüste ihrer Partnerin mehr und sorgfältiger in der Absicht, Reaktionen bei dieser zu bewirken. Im Gegensatz dazu scheinen Männer in einer heterosexuellen Zusammenkunft die Brüste ihrer Partnerin mehr zum Zweck der Eigenstimulation zu streicheln, als ihrer Partnerin eine Freude zu bereiten. Auch in einem krassen Gegensatz scheinen die Genitalberührungen zu stehen: Homosexuelle Partnerinnen beginnen nur selten mit der sofortigen Stimulation der Klitoris, wohingegen etwa bei der Hälfte des typischen heterosexuellen Sexualverkehrs der Kitzler ziemlich schnell und direkt vom Mann anvisiert und gelegentlich ein bisschen zu enthusiastisch mit oralen oder manuellen Techniken bedacht wird.

Die weit verbreitete Meinung, dass zwei Frauen beim Liebesspiel einen Vibrator oder andere penisähnliche Gegenstände benutzen und unaufhörlich „Gib's mir" schreien, trifft nur auf wenige Frauen beim gleichgeschlechtlichen Sex zu. Selbst ein tieferes Einführen der Finger beim Genitalspiel sei die Ausnahme, während eine vaginale Stimulation meist in der Form von spielerischem Streicheln um den Scheideneingang oder dicht dahinter stattfindet.

Der amerikanische Sexualwissenschaftler Alfred Kinsey stellte fest, dass zwei Drittel der homosexuellen Frauen zu 90 bis 100 Prozent zu einem Orgasmus gelangten, wogegen nur 40 Prozent der verheirateten Frauen im fünften Ehejahr die gleich hohe Orgasmusfrequenz angaben. Die sexuellen Praktiken von homo- und heterosexuellen Paaren unterscheiden sich dahingehend, dass bei Heteropaaren der Mann meist aktionsgerichtet ist und zu hastig nach den Brüsten der Frau greift oder zu schnell zur direkten Genitalstimulierung übergeht. Im Gegensatz dazu vollführen homosexuelle Partnerinnen gewöhnlich das Ritual des ganzkörperlichen Kontakts: Sie umarmen, küssen und streicheln einander über einen längeren Zeitraum hinweg, ehe sie zu deutlichen Berührungen der Brüste oder der Genitalien übergehen. Wenn weiblich homosexuelle Partnerinnen, die einander eng verbunden sind, ihre Brüste stimulieren, widmen die zwei Frauen in der Regel dem Sexualspiel meist stärker und länger ihre Aufmerksamkeit, als das bei heterosexuellen Paaren der Fall ist.

Auch homosexuelle Männer scheinen sich viel mehr Zeit zu lassen und nicht nur im Eiltempo zielstrebig auf den Orgasmus hinzuarbeiten. Auch sie gehen, genau wie homosexuelle Frauen, die Erregungsphase bewusst langsamer an und verharren länger auf der Plateauphase; darüber hinaus verwenden sie fließendere sowie einfallsreichere Varianten als Heterosexuelle. Ebenso spielt die Stimulation der Brustwarzen eine große Rolle, während diese Technik bei Heterosexuellen kaum praktiziert wird.

Wie es scheint, können sich gleichgeschlechtlich orientierte PartnerInnen sehr viel besser in den anderen bzw. die andere hineinversetzen als dies bei Heteros der Fall ist. Trotzdem möchte ich erwähnen, dass Gusto und Geschmäcker unterschiedlich sind. Ich als Frau, kann nie davon ausgehen, dass einer anderen Frau gefällt, was mir gefällt; und dass auch sie genau das in den wünschenswerten sexuellen „Wahnsinn" treibt, was mich in höhere orgastische Sphären beamt.

Ebensolches nehme ich auch von Männern an. Es scheint aber laut Studien bei homosexuellen Paaren häufiger als bei heterosexuellen vorzukommen, dass die PartnerInnen über ihre Vorlieben sprechen, um besser darauf eingehen zu können. Und das wiederum macht das Ergebnis der

Umfrage erklärlich, warum homosexuelle Paare eine größere sexuelle Zufriedenheit angeben als heterosexuelle. Die amerikanische Autorin Lou Paget hat, obige Erkenntnis clever nutzend, für ihr Buch *Die perfekte Liebhaberin* einen guten homosexuellen Freund zu Rate gezogen. Wer sonst hätte ihr bessere Tipps über bevorzugte Liebesspiele und erogene Zonen der Männer geben können als ein Mann?

Ich kann mich gut an die Worte der 48-jährigen Ute erinnern, die nach 24 Jahren monogam gelebter Ehe mit Anton meinte: „Auch wenn er mein Traummann ist, ich unsere Ehe nie in Frage stellen würde und ich mich wirklich als sexuell glücklich bezeichnen kann – manchmal vermisse ich noch immer die körperlichen Erfahrungen mit dieser Amerikanerin, die ich auf meiner Maturareise machen durfte, und wünschte, Anton könnte sich im Bett in eine Frau verwandeln und am Morgen wieder zurück in einen Mann!"

III.

GUTEN SEX
KANN MAN LERNEN

Als ich während meiner Ausbildung zur Fachärztin immer wieder mit den sexuellen Schwierigkeiten anderer Menschen konfrontiert war, kam mir irgendwann der Gedanke: Gott, warum sind wir denn nur so kompliziert, dass so viele von uns sich gelegentlich fragen, ob diese oder jene unserer sexueller Reaktionen normal ist? Blasphemisch, wie es wohl ist, aus diesem Grund Gott zu belästigen und um eine Antwort zu bitten, war mir durchaus bewusst, dass er wohl keine Zeit oder auch keine direkten Kommunikationsmöglichkeiten hatte, um dieses Thema exklusiv mit mir zu erörtern. So setzte sich in mir der Wunsch durch, eine Sexualtherapieausbildung zu beginnen, um das *Warum* näher ergründen zu können.

Damals vertiefte ich mich in die Arbeiten jener amerikanischen SexualwissenschaftlerInnen, die mit ihren Publikationen so großes Aufsehen erregt hatten. Alfred Kinsey hatte mit seinen Umfragen bahnbrechende Erkenntnisse gewonnen. Er hatte über 20.000 seiner Landsleute zu ihren sexuellen Verhaltensweisen befragt und dafür einen 500 Fragen umfassenden Fragenkatalog selbst entwickelt. Seine in den Jahren 1948 und 1953 veröffentlichten Berichte, die sogenannten *Kinsey-Reports*, führten einerseits zu einem heftigen Meinungsstreit und wurden andererseits von vielen als der Auslöser der sexuellen Revolution in den 1960er-Jahren angesehen.

Die schon erwähnten amerikanischen Sexualwissenschaftler William Masters und Virginia Johnson begannen im Rahmen ihrer Sexualtherapien KlientInnen „Hausübungen" aufzugeben; solche Verhaltensaufgaben werden in ähnlicher Form noch heute angewendet. Das Ziel dieser „Sensate-Focus-Übungen", die teilweise alleine und teilweise mit dem Partner oder der Partnerin durchgeführt werden, besteht darin, den eigenen Körper kennen und akzeptieren zu lernen. Man soll mit der Beschaffenheit seines Genitalbereiches vertraut werden, eine stimmige „Sprache" und körperliche Kommunikationsfähigkeit entwickeln und die Chance erwerben, Experte bzw. Expertin für den eigenen Körper und den der geliebten Person zu werden.

Selbstverantwortung ist Voraussetzung und zugleich Ziel dieser Übungen; wobei mit Selbstverantwortung gemeint ist, dass man die eigenen Bedürfnisse und Grenzen erkennen und durchsetzen lernt.

Gewährleistet wird dies durch die sogenannte Selbstverantwortungsregel, die wiederum aus der Egoismusregel und der Vetoregel besteht und die im Vorhinein besprochen werden muss.

Die *Egoismusregel* besagt, dass Übungen entlang der eigenen Bedürfnisse gestaltet werden – das heißt, man beginnt die Übungen dort, wo man selbst Berührungen als besonders schön und angenehm empfindet, variiert Stärke und Sanftheit und lernt so, den Körper der oder des anderen intensiv wahrzunehmen. Diese Regel hat das Ziel, dass jede oder jeder dem eigenen Bedürfnis folgen und tun sollte, was ihr oder ihm gefällt und was für das eigene Wohlergehen sorgt. Wenn ich jedoch zum Beispiel als Pianistin eine Stärke der Fingermuskulatur habe, die meinen Mann vermuten lässt, ich wolle auf der einen Seite des Brustkorbes hineinbohren, um auf der anderen Seite wieder herauszukommen, dann tritt die *Vetoregel* für ihn in Kraft. Diese besagt, dass jede Berührung des Partners bzw. der Partnerin beendet werden muss, wenn sie eine unangenehme Empfindung auslöst. Die Bitte, dass die Berührung beendet wird, bedarf weder einer Erklärung noch einer Rechtfertigung, sie wird nicht auf die oder den Ausführenden bezogen, sondern allein auf die Empfindung des oder der Empfangenden.

Einzel- und Paarübungen können parallel zum spielerischen Ausprobieren zwischen den Therapiesitzungen für zu Hause aufgegeben werden.

Anleitung für eine Person

Die Übungsabfolge in der Einzeltherapie kann in sechs Stufen gegliedert werden:

Erste Übung: Betrachten des nackten Körpers in einem großen Spiegel

Die Anleitung für diese Übung klingt sehr simpel – aber ich kann Ihnen versichern, dass die Ausübung keinesfalls leicht ist. Wenn ich meinen Klientinnen und Klienten in der Therapie empfehle: „Nehmen Sie sich kommende Woche zweimal Zeit, achten Sie auf eine ungestörte Atmosphäre – schalten Sie Handy, Fernseher etc. aus und betrachten Sie sich fünfzehn Minuten lang nackt im Spiegel", dann höre ich oft: „Das ist alles? Das ist ja eine Kleinigkeit! Könnten Sie mir nicht gleich noch eine weitere Übung sagen, damit ich die Zeit bis zur nächsten Sitzung gut nutzen kann?" Ich versichere ihnen dann, dass diese Übung nicht zu unterschätzen sei und ihre Tücken habe.

Es geht bei dieser Übung nicht darum, dass ich mich als Frau vor dem Spiegel mit Augen betrachte, die einzig die Abweichungen vom Schönheitsideal sehen, dass ich in einem inneren Dialog über den faltigen und zu dicken Bauch nörgle, die Cellulite-Dellen zähle, die Fledermausärmel meiner Oberarme kritisiere und mich nach der Übung gleich für sieben Monate in einer Schönheitsfarm anmelde.

Es geht auch nicht darum, dass ich mich als Mann vor dem Spiegel in allen möglichen Schwarzenegger-Positionen aufbaue, den Bauch einziehe und den Brustkorb aufblasend die Oberarme hebe, um meine Muskeln zu betrachten.

In dieser Übung kommt es darauf an, dass ich mich so betrachten kann, wie ich bin, ohne zu werten. Die Haut meiner Oberschenkel ist schlaff und bedeckt die Knie? Macht doch nichts, ich habe sowieso eine Vorliebe zu Raffrollos – warum soll ich so eine Ausprägung nicht auch meiner Haut gönnen? Mein Bauch gleicht dem einer Fruchtbarkeitsgöttin? Kein Grund zur Verzweiflung – könnte es nicht sein, dass mein Mann deshalb liebend gerne beim Fernsehen seinen Kopf drauflegt und sich mit der Katze um dieses Privileg streitet?

Auch für diese Übung gilt Selbstverantwortung: Wenn ich meinen Bauch hässlich finde und im Moment keine positiven Assoziationen damit verbinde, dann muss ich mich nicht darauf versteifen, ihn schön zu finden. Dann schaue ich lieber etwas an, was mir gefällt, und dann wieder auf den Bauch zurück – vielleicht passt er dann schon besser in mein Gesamtbild.

Die hauptsächlich auftretenden Probleme, die Frauen bei dieser Übung haben, erwachsen aus dem Vergleich mit Schönheitsidealen, der Ablehnung des eigenen Körpers bzw. einzelner Körperteile, dem Druck, sich akzeptieren zu sollen – und oft genug aus der ungewohnten Selbstzuwendung. Damit meine ich, dass viele Frauen es nicht gewöhnt sind, einfach zu genießen, wie sie sind, und ihre Zeit nicht dafür einsetzen zu müssen, aus sich etwas zu machen, was dem ursprünglichen Zustand kaum mehr ähnelt – durch viel Farbe im Gesicht, Kleister in den Haaren und viele Schichten Stoff um den Körper.

Männer erzählen mir oft ebenfalls, dass sie bei der Übung auf Probleme gestoßen seien, mit denen sie nie gerechnet hätten. Unerbittlich taucht aus den Tiefen der Psyche der Drang auf, die Position vor dem Spiegel so zu verändern, dass der Beinahe-Schwarzenegger-Body im besten Licht glänzt. Wären da nur nicht die kurzen Haxen! (Eine gute Antwort darauf lautet etwa: „Hätte ich nicht so kurze Beine, dann wäre der Schwerpunkt weiter oben und ich würde mir als Zimmerer auf dem Dach sicher schwerer tun als so.") Faktum ist: Auch Männer leiden immer öfter unter den aberwitzigen Schönheitsidealen unserer Zeit!

Meistens braucht es mehrere Anläufe, manchmal dauert es mehrere Monate, bis diese Hausaufgabe für einen und eine selbst zufriedenstellend gelöst ist, sie ist aber ein wunderbares Mittel, einen wohlwollenden Zugang zum eigenen Körper zu finden.

Zweite Übung: Berühren und Streicheln des gesamten Körpers

Diese Übung ist leichter als die erste, vor allem dann, wenn ein wohlwollender Zugang zum eigenen Körper bereits gelungen ist.

Die Berührungen sollten nach unterschiedlichen Aspekten geschehen: Wo ist die Haut weicher, wo ist mein Körper knackig, wo fühlen sich die Haare borstig und wo besonders weich an? Ich versuche, einzelne Körperstellen bewusst zu spüren, und erhalte durch den Tastsinn meiner Hand Informationen über die Haut und die gesamte Körperoberfläche. Umgekehrt tue ich mir aber auch Gutes, indem meine Haut Informationen durch die Berührung meiner Hand, durch den unterschiedlichen Druck, die Intensität und Geschwindigkeit der Berührungen erhält.

Die kleinen verborgenen Tücken dieser Übung bestehen darin, dass selbstkritische Gedanken der Konzentration auf die Wahrnehmung des eigenen Körpers im Wege stehen. Auch wenn man diese Übung mit Nützlichem wie dem Eincremen des Körpers verknüpft, lenkt das von den Sinneseindrücken ab. Frauen wie Männer sind bei dieser Übung häufig irritiert, weil sie es nicht gewohnt sind, den eigenen Körper genießen zu dürfen. Dass dieser sich bei Berührungen gut und angenehm anfühlt, führt zu einer Verunsicherung, die Fragen wie „Bin ich zu narzisstisch und selbstherrlich?" oder „Bin ich homosexuell?" aufwirft.

Meiner Erfahrung nach ist diese Übung für Frauen gelegentlich leichter als für Männer. Ich durfte einmal ein junges Paar Mitte zwanzig im Rahmen einer Sexualberatung begleiten. Die beiden hatten mich aufgesucht, weil die Frau an Vaginismus litt. Sinja und Ralf war es in den fünf Jahren ihrer Beziehung nicht möglich gewesen, Geschlechtsverkehr zu haben, weil sich die Scheide beim Versuch, den Penis einzuführen verkrampfte. Da die beiden trotz fehlenden Geschlechtsverkehrs eine sehr befriedigende und abwechslungsreiche Sexualität genossen, hatten sie bislang dem Umstand, dass ein Einführen des Penis nicht möglich war, keine Bedeutung zugemessen. Im darauffolgenden Sommer war jedoch die Hochzeit geplant und sie wünschten sich Kinder. So kam Sinja auf die Idee, ihrem Zukünftigen zu Weihnachten Geschlechtsverkehr zu schenken. In der ersten Adventwoche saßen beide vor mir.

Die erste Spiegelübung war kein Problem. Und Sinja tat sich auch mit der zweiten Übung sehr leicht. Ihr war es sogar gelungen, Freude an den von ihr eher abgelehnten Oberschenkeln zu empfinden, da sie draufgekommen war, wie angenehm weich sich die Haut an deren Innenseite anfühlte.

Hingegen berichtete Ralf, wie schwer ihm die Übung zu seinem eigenen Erstaunen gefallen sei. Als wir über seine Gefühle sprachen, die es hervorrief, wenn er den eigenen Körper berührte, antwortete er: Es sei ihm bewusst geworden, dass er bei jeder Berührung sofort in die sexuelle Erregung flüchte. Ein „einfaches" Genießen von nichtsexuellen Berührungen, egal ob von Sinja oder von ihm selbst, wecke in ihm ein unangenehmes Gefühl und mache ihn traurig. Wir suchten daher nach Situationen, die in ihm früher ein ähnliches Gefühl hervorgerufen hatten. Dabei stießen wir auf Erinnerungen aus seiner Kindheit. Damals hatte er nach dem Tod seiner Mutter, die verstarb, als er zwölf Jahre alt war, häufig ein Bedürfnis nach Nähe und Berührungen verspürt, das nicht erfüllt wurde. Erst jetzt bemerkte er, dass seine häufigen sexuellen Eskapaden als Jugendlicher nicht einem sexuellen Bedürfnis entsprungen waren, sondern dem Wunsch nach Nähe. Doch die Beziehungen waren stets kurz, da er immer das Gefühl hatte, nicht das zu bekommen, was er wollte – eine Erklärung hatte er dafür nicht gehabt.

Nach unseren Gesprächen wurde Sinja und Ralf bewusst, wie besonders ihre Beziehung war und wie sie durch Sinjas Vaginismus unbewusst gelernt hatten, zu nehmen und zu geben, was Ralf bis dahin nicht gelungen war.

Dritte Übung: Betrachten des Genitalbereiches im Handspiegel

Diese Übung zählt meiner Erfahrung nach zu den schwierigsten der Einzelübungen. Die meisten Menschen vermeiden es, den eigenen Genitalbereich zu betrachten, und wenn sie es tun, dann kommt es oft zu impulsiven Fragen wie: „Kann meine Scheide mit ihrem zerknitterten Aussehen denn überhaupt gefallen? Und warum sieht sie so ganz anders aus wie die der Frauen im Porno?" Oder: „Wie kann denn dieses eingezogene Würmchen Frauen ansprechen? Und auch im ausgefahrenen Zustand schaut er mit seinen schrumpeligen Anhängseln aus wie ein Dudelsack."

Nicht nur Äußerlichkeiten werden abgelehnt, es können auch negative Erfahrungen aus der Vergangenheit aktualisiert werden. So fühlen sich vaginistische Frauen oft mit ihrem vermeintlichen Versagen konfrontiert und lehnen es ab, ihre Scheide genauer zu betrachten. Oder es kommen Erinnerungen an Gewalthandlungen auf oder an Schmerzen bei der Geburt eines Kindes. Männer denken an Operationen am Penis oder erleben mental frühere Erektionsstörungen wieder. Wie gesagt: Für viele ist das eine schwierige Übung. Ziel ist es, sich mit dem Aussehen und der Anatomie der eigenen Geschlechtsorgane vertraut zu machen.

Vierte Übung: Erkundendes Berühren und Streicheln des Genitals

Die vierte Übung hat das Ziel, sich mit der Beschaffenheit des eigenen Genitalbereiches auseinander zu setzen. Wie fühlen sich meine großen Schamlippen an, wie die kleinen? Wie fühlt sich die Haut an meiner Eichel an und wie die Vorhaut? Ist mein Schamhügel weich oder knochig hart? Wie fühlt sich der Damm an und die Haut rund um den After? Was für ein Gefühl erzeugt das Kraulen im Schamhaar an meinen Fingerspitzen?

In dieser Übung geht es darum – ähnlich wie beim Streicheln und Berühren des gesamten Körpers –, die einzelnen Stellen bewusst zu spüren. Das heißt, einerseits bekommt man über den Tastsinn der Hand Informationen vermittelt, wie sich diese Bereiche anfühlen, andererseits nimmt man auch wahr, wie Berührungen im Genitalbereich empfunden werden.

Fünfte Übung: Stimulierendes Streicheln mit Rückkehr zur Entspannung

Bei dieser Übung geht es wieder darum, mir Gutes zu tun, indem meine Genitalorgane Informationen aus den Berührungen mit meiner Hand erhalten: Wie stark ist der Druck, wie intensiv und schnell streichen meine Finger darüber? Man soll eigentlich nicht sich selbst erregen, sondern die Reaktion des Körpers kennen lernen. Sollte es zu einer Erregung kommen, kann man diese durchaus genießen – man lässt dabei jedoch die wohligen Empfindungen ohne Orgasmus ansteigen und wieder abklingen. Dieses Ansteigen- und Abflachenlassen der Erregung können Sie drei- bis fünfmal während einer Übung versuchen.

Der Zweck dieser Übung besteht darin, die Reaktionen des Körpers auf Stimulation im Genitalbereich kennen zu lernen, die eigenen erogenen Zonen zu erkunden und sich spielerisch einem sexuellen Wohlgefühl zu nähern.

Ich empfehle sowohl Frauen als auch Männern, bei diesen Übungen Gleitcremen zu verwenden. Wuzelt sich die Haut der kleinen Schamlippen beim Erkunden zwischen den Fingerspitzen und bleiben diese auf dem Vorhäutchen des Kitzlers kleben, ergibt das genau so wenig ein Hochgefühl, wie wenn die raue Hornhaut auf den Handflächen nach drei Monaten Baustellenarbeit über die Eichel hobelt.

Manche Frauen empfinden diese Übung oft als unangenehm, da sie der Selbstbefriedigung ähnelt. Für andere wiederum wirkt die Feuchtigkeit oder auch der Geruch der Scheidenflüssigkeit befremdlich.

Hingegen irritiert Männer häufig die Konzentration auf die Entspannung, die Tatsache, dass der Penis immer wieder schlaff werden sollte, und der „fehlende Erregungsauftrag".

Sechste Übung: Stimulierendes Streicheln mit Orgasmusfreigabe

Viele Menschen, die Erfahrung mit Selbstbefriedigung haben, betonen die Andersartigkeit dieser Übung zur üblichen, „normalen" Masturbation.

Das Streicheln sollte ähnlich praktiziert werden wie in der letzten Übung. Wenn die Erregung wechselnd ansteigt und sich wieder abflacht, ist das von Vorteil, doch dieses Mal ist der Orgasmus erlaubt, wenn auch kein Muss. Sexuelle Phantasien dürfen eingebracht werden, Sie müssen sich auch nicht die ganze Zeit über darauf konzentrieren, was gerade in und mit Ihrem Körper passiert – obwohl es durchaus vorteilhaft ist, wenn Sie sich zwischendurch die Empfindungen bewusst machen. Bei dieser Übung besteht kein Zwang, alles ist erlaubt. So wird verhindert, dass Ihre Sinne vom Erwartungs- und Leistungsdruck abgelenkt werden und negative Gefühle aufkommen; Ihnen bleibt Zeit, die Empfindungen einfach wahrzunehmen.

Diese sechs Übungen sollten Sie stufenweise ausführen. Sobald Ihnen eine Übung gelungen ist, gehen Sie zur nächsten über. Im Idealfall arbeiten Sie die dabei aufkommenden Gefühle mit einer Sexualtherapeutin oder einem Sexualtherapeuten auf. Viele KlientInnen berichten mir in den Sitzungen, dass sie ihren Körper nun mit einer Selbstverständlichkeit annehmen und Berührungen genießen können, die sie zuvor nicht für möglich gehalten hätten.

Maria schickte mir ein wunderbares Dankesschreiben, nachdem sie durch die Einzelübungen gelernt hatte, ihren Körper zu schätzen, und nun richtig Gefallen an ihm fand. Maria war sechsundvierzig, hatte eine untersetzte Figur und einen Charme, der sie in den Mittelpunkt jeder gesellschaftlichen Zusammenkunft stellte. In dem Brief stand:

„Ich habe immer bemerkt, dass die Leute meine Gesellschaft genießen und sich freuen, mich zu sehen. Aber ich führte das auf meine inneren Werte zurück: Weil ich ein fröhlicher Mensch bin, gern witzige Anekdoten erzähle und auch gut zuhören kann. Oft habe ich mich gefragt, wie begehrt ich wohl mit einem schlanken, sexy Körper wäre. Endlich, nachdem ich diese Übungen gemacht habe, kann ich meinen Körper genießen. Jetzt weiß ich, dass ich eine umwerfende Ausstrahlung und Sexappeal habe. Diese Übungen haben mir Diäten für mindestens die nächsten 20 Jahre erspart. Ich danke Ihnen dafür!"

Anleitung für zwei Personen

Die Partnerübungen, die Masters und Johnson als „Sensate-Focus-Übungen" bezeichneten, werden in vielen Varianten durchgeführt. Es geht weniger darum, Techniken zu erlernen, als die eigenen Bedürfnisse und Grenzen kennen zu lernen.

Die heute am häufigsten praktizierte Variante besteht aus sechs aufeinander aufbauenden Verhaltensanleitungen: Aufgabe der Liebenden ist es, abwechselnd Zärtlichkeiten auszutauschen. Wichtig ist, zu erkennen, dass es nicht um Leistung geht oder darum, Erwartungshaltungen gerecht zu werden. Jede dieser Übungen kann als erfolgreich für sich verbucht werden, selbst wenn sie abgebrochen wird – da die Erfahrungen daraus für die eigene sexuelle Zufriedenheit immer genutzt werden können.

Tatsächlich ist auch ein Abbruch einer Übung wichtig, da so die eigenen Grenzen erkannt werden und man sich nicht überfordert hat.

In den ersten vier Übungen besteht Koitusverbot. So können beide ihren Fokus auf die bloßen Empfindungen konzentrieren: sowohl auf die eigenen Gefühle als auch darauf, wie der Körper des bzw. der anderen wahrgenommen werden kann. Erst in den letzten beiden Übungen ist der Genitalkontakt im Sinne eines Aufnehmens des Penis erlaubt.

Die Partnerübungen können parallel zu den Einzelübungen durchgeführt werden und werden gegebenenfalls in den Sitzungen gemeinsam besprochen.

Erste Übung: Streicheln I

In dieser Übung wird der gesamte Körper gestreichelt, die Genitalien und Brüste dürfen jedoch nicht berührt werden.

Man sollte eine gemütliche Atmosphäre schaffen und dafür sorgen, dass man die Zeit miteinander störungsfrei verbringen kann. Achtzehn Grad Celsius im Schlafzimmer – oder wo auch immer Sie die Übung durchführen –, ein Berg Wäsche, aufgetürmte Akten, die darauf warten, abgearbeitet zu werden, oder das eingeschaltete Handy neben dem Bett sind absolute *no-goes!* Am besten planen Sie eine Zeit von 45 Minuten ein, die Kinder bringen Sie zu den Großeltern oder zur Tagesmutter, den Hund zum Nachbarn und die Haustürglocke schalten Sie aus. Dann kann es losgehen. Ach, fast hätte ich es vergessen: Bitte stellen Sie eine Eieruhr neben Ihr Bett. (Erklärung folgt!)

Die Vorgabe für diese Übung ist, dass der ganze Körper berührt werden soll, nur der Genitalbereich und die Brüste dürfen unter keinen Umständen miteinbezogen werden.

Nach der Einigung, wer zuerst gestreichelt wird, legt sich der- oder diejenige auf den Bauch und konzentriert sich ab nun einzig auf die Berührungen des oder der anderen. Wie fühlen sich die Hände an, wenn sie mich berühren? Sind sie kalt oder warm, rau oder weich? Wie ist der Druck – stark oder sanft, wird er eher durch die Fingerspitzen oder die Handfläche erzeugt? Sind die Bewegungen flüssig oder abgehakt, reibend oder klopfend? Und vor allem: Wie geht es mir bei diesen Berührungen? Wo mag ich sie besonders, wo kann ich sie gar nicht genießen? Wo sind sie unerträglich? In letzterem Fall möchte ich an die Vetoregel erinnern: Kommt es zu unangenehmen Gefühlen, die durch eine Berührung ausgelöst werden, dann sage ich einfach ohne eine weitere Erklärung „Stopp!"; danach lenke ich meine Aufmerksamkeit wieder auf die Empfindungen, die die Hände meines Partners oder meiner Partnerin an anderen Körperstellen in mir auslösen.

Als die Person, die mit den Berührungen beginnt, achte ich auf Informationen, die meine Hände vom Körper des anderen überbringen. Wie fühlt es sich an, wenn ich den Haaransatz kraule und die Haare durch meine Fingerspitzen gleiten lasse? Ist die Haut im Bereich der Schultern ebenso weich wie seitlich am Brustkorb? Wie gefällt es mir, die Haut in den Kniekehlen zu berühren im Vergleich zur Fußsohle? Wo streiche ich lieber nur mit zwei Fingern über den Rücken und wo berühre ich lieber mit der gesamten Handfläche? Wie fühlt es sich an, die kleine Zehe zwischen den Fingern zu wuzeln und an der großen Zehe leicht zu ziehen? Wichtig ist, sich nicht darauf zu konzentrieren, welche Berührungen und wo diese den meisten Genuss bei der oder dem anderen verursachen könnten – das sollte eventuell im Anschluss an die gesamte Übung besprochen werden (oder am besten in der nächsten Therapiesitzung). Wichtig ist für den oder die StreichlerIn, sich auf die eigenen Gefühle und Empfindungen, die dabei hochkommen, zu konzentrieren. Im Sinne der Egoismusregel gilt: „Ich mache, was mir am besten gefällt." Sollte jedoch ein Veto kommen, so ist dieses sofort zu akzeptieren.

Und jetzt komme ich nochmals auf die Eieruhr zu sprechen. Diese haben Sie auf fünf Minuten gestellt, bevor Sie mit der Streichelübung begonnen haben. Ist die Zeit um, wechseln Sie die Position: Wer gestreichelt hat, legt sich auf den Bauch und wird nun nach denselben Vorgaben erkundet. Nach weiteren fünf Minuten wird wieder gewechselt, dieses Mal wird auf dem Rücken liegend abwechselnd die

Vorderseite ausgekundschaftet. Und nicht vergessen: Die „verbotenen Zonen" sind auszusparen.

Wie zuvor erwähnt, wundern sich viele anfangs über den seltsamen „mechanischen" Übungsaufbau und fühlen sich unterfordert. So auch Martin. Der 22-jährige Medizinstudent kam mit seiner gleichaltrigen Freundin zu mir in Therapie, weil Beate seit acht Monaten keine Lust mehr auf Sex hatte. Das war nicht das Hauptproblem, am stärksten belastete die beiden, dass Beate jetzt nach sieben Jahren Beziehung, in denen sie anfangs am liebsten den ganzen Tag gekuschelt hätte, überhaupt keine Nähe mehr zulassen konnte, ohne bei der kleinsten Berührung zusammenzuzucken.

Wir sprachen daher über die Sensate-Focus-Übungen. Ich erklärte den Übungsaufbau und schlug vor, dass sie die Übung zweimal wöchentlich durchführten, bis wir uns zur nächsten Sitzung in drei Wochen wiedersähen.

Martin antwortete enttäuscht: „Das ist doch fad! Befummelt haben wir uns in den vergangenen Jahren genug. Ich kenne Beates Körper ja eh schon in- und auswendig." Doch Beate bat Martin, es zu versuchen, da für sie die Übung sehr interessant klang.

Als wir uns nach drei Wochen wieder trafen, berichteten sowohl Beate als auch Martin ganz erstaunt, dass ihnen diese Übung ganz neue Erfahrungen gebracht habe. Da ihnen Geschlechtsverkehr verboten war, hätten sie die Chance gehabt, den anderen Körper ohne die übliche Fixierung auf die Genitalien und den Koitus zum Abschluss viel besser kennen zu lernen.

Martin erzählte fasziniert: „Ich habe noch nie bemerkt, wie schön es ist, mit den Fingern Beates Wirbelsäule entlang zu streichen und die Wölbungen so genau wahrzunehmen. In den letzten Wochen habe ich sie auch außerhalb der Übungen öfter gefragt, ob ich das machen dürfe, und ich merke, wie sehr ich mich dabei entspanne." Dann grinste er und fügte hinzu: „Und dass sie es auch genießt, ist ein schöner Nebeneffekt."

Beate berichtete, dass die Übung für sie durchaus eine Herausforderung war: „Zuerst habe ich mich darauf gefreut, gestreichelt zu werden, und war sogar enttäuscht, als Martin gleich meinte, er würde gerne derjenige sein, der als erstes gestreichelt wird. Als ich dann aber am Bauch lag und er mich streichelte, kam es mir ewig vor – nach zwei Minuten schaute ich das erste Mal auf die Uhr und wunderte mich, dass die Zeit noch immer nicht um war. Es war für mich nicht nur ungewohnt, sondern anfangs sogar belastend, nicht nehmen zu dürfen, sondern nehmen zu *müssen*."

Beate lächelte Martin zärtlich an: „Und jetzt, da ich weiß, wie sehr Martin es genießt, meinen Rücken zu liebkosen, und dass er das nicht nur mir zuliebe macht, könnte ich es stundenlang über mich ergehen lassen!"

Und ich selbst hatte den Eindruck, ihr den Genuss in den Augen anzusehen.

Zweite Übung: Streicheln II

Die Übung entspricht weitgehend der ersten, jedoch werden die Genitalien und Brüste oberflächlich miteinbezogen. Die Körpervorderseite und danach die Körperrückseite werden je fünf Minuten lang berührt, wobei die erogenen Zonen gestreichelt, aber nicht stimuliert werden sollen. Es geht auch bei dieser Übung vornehmlich um die Erfahrung, welche Informationen von den gestreichelten Körperstellen ich durch meine Hand empfange. Und nicht darum, wie ich mich oder meinen Partner bzw. meine Partnerin am besten durch das Berühren dieser Körperstellen errege.

Diese Übung stellt vor allem für jene Personen oft eine große Schwierigkeit dar, denen der wohlwollende Zugang (vielleicht auch trotz der Einzelübungen) zum eigenen Körper noch nicht ganz gelungen ist.

So zum Beispiel Martina. Die 42-jährige, groß gewachsene Stewardess hatte einen perfekt gebauten Körper. Dennoch erzählte sie mir in der auf die Übung folgende Sitzung, dass es ihr unmöglich gewesen sei, ihrem Partner zu erlauben, ihre Brüste zu streicheln. „Der Gedanke, dass Peter meinen Busen und meinen Schambereich berührt und mich dabei auch noch genau ansieht, war mir ein Gräuel. Wir haben deshalb die Übung nach dem Streicheln unserer Rückseiten abgebrochen."

Auf meine Frage, ob sie dieses Schamgefühl von früher kenne, antwortete Martina, dass sie in der Pubertät oft die Bemerkungen ihres Schwagers, der mit ihrer um 15 Jahre älteren Schwester verheiratet war, als abstoßend empfunden hätte. Kaum sah dieser sie irgendwo im Bikini, machte er anzügliche Bemerkungen: „Ja, so einen geilen Busen hatte deine Schwester auch, bevor unsere Kinder sie ausgezuzelt haben". Als Folge dieser übergriffigen Meldungen in diesem ohnedies psychisch fragilen Alter hatte Martina schon als 15-Jährige ein schwieriges Verhältnis zu ihren weiblichen Rundungen entwickelt. Und auch später war es ihr nicht möglich, Komplimente zu ihrer Figur anzunehmen oder Berührungen ihrer Brust durch ihren Partner zuzulassen. Auch beim Geschlechtsverkehr bevorzugte sie Stellungen, bei denen der Körper des Partners so nahe an ihrem war, dass nicht einmal Platz für Blicke dazwischen gewesen wäre. Martina war jedoch bereit, die Übung noch einmal in einer neuen Variante zu probieren.

Ich fragte sie, ob sie sich vorstellen könne, beim Streicheln der Vorderseite die Brüste und den Schambereich einzubeziehen, wenn Peter mit ausgestreckten und geöffneten Beinen im Bett säße und sie ihren Rücken an seinen Bauch lehnte.

Sie fand die Idee gut, wollte aber, dass beide die Beine anwinkeln, sodass sie ihre Oberarme auf seine Knie stützen konnte. Sie hatte das Gefühl, dass sie sich dann weniger „geöffnet" und dadurch sicherer fühlen würde.

Bei der nächsten Sitzung hörte ich schon beim Händeschütteln anstatt des „Grüß Gott" ein strahlendes „Ich hab's geschafft!". Martina erklärte mir: „Ich fühlte mich so geborgen und gut aufgehoben, als ich an Peter lehnte und er mich streichelte, dass ich ihn beim nächsten Mal bat, auszuprobieren, wie es sich anfühlt, wenn wir beide die Beine nicht anwinkeln und ich die Arme runterhängen lasse, ohne dass sie eine Barriere bilden. Anfangs war das ungewohnt und ich fühlte mich angespannt. Aber als wir die Übung das vierte Mal wiederholt hatten, fühlte ich mich so wohl, dass wir es sogar am Rücken liegend versuchten. Das ist immer noch sehr ungewohnt für mich, aber ich bemerke, dass ich es zu genießen beginne."

Dritte Übung: Streicheln III

Bei dieser Übung geht es darum, dass beide einander als *ExpertInnen des eigenen Körpers* die Anatomie der eigenen

Genitalien erklären und es danach zu einem erkundenden Streicheln des Genitalbereiches kommen kann. Anatomie und Funktionen der Sexualorgane werden zuvor mit beiden getrennt während der Einzelübungen besprochen.

Jetzt gibt es zum ersten Mal die Aufgabe, dem Partner oder der Partnerin Gutes zu tun, dessen bzw. deren Empfindungen oder Störungen wahrzunehmen und sich darauf einzustellen. Wünsche sollen kommuniziert werden, bevor noch die Gefahr besteht, die Grenzen der oder des anderen zu überschreiten. Passiert dies doch, so gilt die Vetoregel. Das erkundende Streicheln wird am besten so praktiziert, dass der oder die PartnerIn sagt, was ihr oder ihm gut tut. Ist die Hemmschwelle zu hoch und fällt es einem zu schwer, die Wünsche verbal zu äußern, kann die eigene Hand den Partner bzw. die Partnerin führen. Oft ist es nämlich anfangs leichter, nicht verbal die gewünschten Berührungen artikulieren zu müssen. Wie wichtig Gleitgel sein kann, möchte ich auch an dieser Stelle betonen.

Meiner Erfahrung nach ist diese Übung eine der schwersten, aber auch wertvollsten: Man kann ein Gefühl für die gemeinsame Sexualität entwickeln und dabei auch die eigenen Wünsche wahrnehmen und umsetzen.

Wenn ich meinen KlientInnen diese Übung erkläre, muntere ich sie auf, die Dinge beim Namen zu nennen. Das führt oft zu großem Amüsement, doch viele fürchten sich vor einer direkten Sprache. Viele Menschen haben größere Schwierigkeiten, Wörter wie *Penis* oder *Vagina* in den Mund zu nehmen, als Oralsex zu praktizieren. Aus diesem Grund sollten Kosenamen für die Sexualorgane, und seien diese noch so liebevoll, in dieser Übung vermieden werden.

Es hat keinen Sinn, zu sagen: „Schau, das ist das Lustknöpfchen, das sich so gschamig hinter dem Vorhang versteckt und über der Liebesgrotte auf das Kommen des strammen Retters wartet." Oder: „Das ist der Haltegriff unterhalb der roten Laterne, der bei längerem Würgen zu einem Spucken des kleinen Joes führt, bis die Wonneglocken darunter baumeln." Die Klitoris beim Namen zu nennen und zur Vorhaut des Kitzlers auch so zu sagen, ist genauso wenig anstößig wie vom Schaft des Penis, der Eichel oder den Hoden zu sprechen. Wie kann der Partner oder die Partnerin den Eindruck bekommen, Sie würden ernsthaft Ihre Wünsche ausdrücken, wenn Sie nicht die entsprechende Sprache dazu verwenden?

Natürlich möchte ich niemanden davon abbringen, nach dieser Übung wieder die gewohnten Bezeichnungen zu benutzen. Wenn es jemandem wichtig ist, in seinem alltäglichen Sexualleben die Erektion und Lubrikation mit den Worten einzuleiten „Meine kleine Fluffi hat mich eben gefragt, ob wohl deine schlimme Nudel für einen Besuch bereit wäre?", bitteschön! Sex soll schließlich Spaß machen.

Vierte Übung: Stimulierendes Streicheln bzw. Spiel mit der Erregung

Ähnlich wie bei den Einzelübungen ist das Ziel, mit den bislang erlernten Erkenntnissen und Empfindungen zu „spielen".

Lassen Sie die Erregung bis zu dreimal hintereinander aufleben und wieder abklingen; am Ende ist auch ein Orgasmus erlaubt, aber kein Muss.

Sie brauchen ab dieser Übung keine Uhr mehr. Genießen Sie die Zärtlichkeiten, aber bitte achten Sie darauf, dass Sie und Ihr Partner bzw. Ihre Partnerin sich nicht gleichzeitig streicheln. Denken Sie auch daran, dass das Einführen des Penis in die Scheide noch absolut verboten ist. So fällt nicht nur der Druck weg, dem oder der anderen einen Orgasmus „bescheren" zu müssen, sondern auch der Druck, eine Erektion oder – beispielsweise bei vaginistischen Frauen – eine aufnahmebereite Scheide haben zu müssen.

Für den 65-jährigen Karl waren diese Vorgaben sehr erleichternd. Er hatte vor seiner Prostataoperation erfahren, dass er wahrscheinlich Potenzschwierigkeiten bekommen würde. Ein Dreivierteljahr danach hatte er zwar kurz andauernde Spontanerektionen, vor allem morgens, doch wenn er die Gunst der Stunde für Geschlechtsverkehr oder Masturbation nutzen wollte, dauerte es nur wenige Sekunden, bis sich die Standfähigkeit seines Penis wieder verabschiedete.

Nach einiger Zeit suchte mich Karl gemeinsam mit seiner Frau Maria auf, vor allem weil sie darunter litt, dass er sich durch seine Impotenz körperlich ganz allgemein von ihr zurückzog; er schmiegte sich beim Einschlafen nicht mehr an sie und gab ihr am Morgen auch kein harmloses Küsschen. Karl begründete seinen Rückzug damit, dass er befürchte, durch Berührungen Marias sexuelle Lust zu wecken.

Aber Maria ging es eigentlich nicht um Sex, sondern um Nähe. Sie drängte ihn daher zu einer gemeinsamen Sexualtherapie. Diese machte sowohl Maria als auch Karl viel Spaß. Und zu seinem großen Erstaunen kam es während des stimulierenden Streichelns zu längeren Erektionen. So gewann Karl wieder an Selbstvertrauen und seine Zuversicht stieg, doch irgendwann wieder Geschlechtsverkehr oder Selbstbefriedigung genießen zu können.

Fünfte Übung: Streicheln inklusive Einführen des Penis

Diese Übung ist die Fortsetzung der vorigen. Es sollte zu einem Einführen des Penis in die Scheide kommen, aber sobald der Penis in der Scheide ist, sollte er nicht weiter bewegt werden. Das Orgasmusverbot besteht weiter! Während der Penis ruhig in der Scheide verweilt, können Sie einander auch weiter streicheln, bis die Übung beendet wird.

Diese Übung ist vor allem für Männer wichtig, deren erigierter Penis immer dann erschlafft, sobald er in die Scheide eingeführt wird. Und es ist auch eine sehr hilfreiche Übung für Frauen, die unter einer Verkrampfung der Scheide leiden, sobald sie den Penis in sich aufnehmen wollen.

So auch für Isabella. Die 37-Jährige litt nur teilweise an Vaginismus, sodass es ihrem Partner gelegentlich möglich war, den Penis einzuführen, doch der Geschlechtsverkehr bereitete ihr jedes Mal Schmerzen. Sie berichtete von Verkrampfungen im Unterleib, wenn sie auch nur daran dachte, einen Penis oder auch einen Tampon einzuführen.

Isabella war Ordinationsgehilfin bei einem praktischen Arzt. Als erfolgreiche Triathletin hatte sie sich des Sports wegen entschlossen, keine Kinder zu bekommen. Aus diesem Grund waren bereits einige Beziehungen in Brüche gegangen. Inzwischen war sie seit über einem halben Jahr mit einem Triathleten zusammen, der ebenfalls keine Kinder wollte. Aufgrund ihrer gegenseitigen Zuneigung und gemeinsamen Interessen schien das gemeinsame Glück perfekt, und Isabella hatte gedacht, dass bei so viel Harmonie auch ein Geschlechtsverkehr ohne Schmerzen möglich sein sollte. Groß war die Enttäuschung, als die Schmerzen gleich beim ersten Sex da waren. Daraufhin vereinbarten Isabella und Alexander mit mir einen Termin.

Als wir nach wenigen Monaten bei der fünften Übung ankamen, besprachen wir in allen Einzelheiten, wie beide es angehen könnten, damit bei Isabella keine Ängste aufkämen. Sie einigten sich auf ein Wellnesswochenende, an dem die Übung in entspannter Atmosphäre ausgeführt werden konnte. Und zwar sollten sich nach stimulierenden Streicheleinheiten beide auf eine Stellung einigen, die Isabella die volle Kontrolle darüber überließ, wann und wie weit der Penis eingeführt werde.

Normalerweise empfehle ich die Seitenlage für beide, wobei die Frau das angewinkelte obere Bein auf die Hüfte des Mannes legt. So kann sie mit der Hand selbst den Penis in die Scheide einführen und durch eigene Hüftbewegungen Millimeter für Millimeter selbst bestimmen, wie weit der Penis in die Scheide eingeführt wird. Sobald minimale Schmerzen auftreten, kann die Frau sofort die Bewegung stoppen und erst wieder weitermachen, wenn sie dafür bereit ist. Da dieser Vorgang mehrere Minuten dauern kann, schont diese Position wohl die Kräfte am meisten.

Isabella und Alexander entschieden sich jedoch für eine Stellung, bei der er unten liegen und sie über ihm sein würde, was ich ihr aufgrund ihres durchtrainierten Körpers zutraute.

Als beide nach dem Wellnesswochenende zur nächsten Sitzung kamen, erzählten sie, dass sie bei dieser Aufgabe mehrere Versuche gebraucht hätten, dass es ihnen jedoch mit der Zeit beinahe schmerzfrei gelungen sei. Isabella selbst hatte beobachtet, dass es umso besser ging, je entspannter und mit je weniger „Kopf" sie bei der Sache gewesen sei. Sie waren beide zuversichtlich, dass ihnen bald ein schmerzfreier Geschlechtsverkehr gelingen würde.

Sechste Übung: Streicheln inklusive erkundenden Bewegungen bei eingeführtem Penis

Diese letzte Übung soll als Zwischenstufe zwischen der vorigen Übung und dem „freien" Geschlechtsverkehr die Gewissheit geben, dass Sex einfach Spaß machen kann, ohne einen Orgasmus durch Koitus haben zu müssen. Dadurch wird viel Leistungs- und Erwartungsdruck vermieden, und es kam schon einige Male vor, dass ich Paare auf dieser Stufe jahrelang gehalten habe, um Druck von ihnen zu nehmen und ihre Freude an der sexuellen Begegnung als Ausdruck von Nähe und körperlicher Kommunikation zu wahren.

Das zeigt die Geschichte von Josef und Anneliese. Als Anneliese zu mir kam, litt sie seit 25 Jahren unter extremen Schmerzen im Unterbauch während des Geschlechtsverkehrs. Die Schmerzen hatten nach der sehr traumatischen Geburt ihres Kindes begonnen. Da die Gebärmutter einriss, musste die Tochter durch einen Notkaiserschnitt entbunden werden, der starke Blutverlust machte eine Gebärmutterentfernung nötig. Anneliese hatte mit diesem Ereignis jahrelang psychisch zu kämpfen, da sie immer mehrere Kinder haben wollte, was somit nicht mehr möglich war. Den ersten Versuch, miteinander Geschlechtsverkehr zu haben, starteten Anneliese und Josef zweieinhalb Jahre nach der Geburt. Anneliese hatte dabei so starke Unterleibsschmerzen, dass sie sofort zu ihrem Gynäkologen ging, um diese abklären zu lassen. Der führte die Schmerzen auf narbige Verwachsungen infolge der Operation zurück, mit denen sie wohl leben müsse. Das Paar hatte alle paar Monate Geschlechtsverkehr, der jedes Mal sehr schmerzhaft und angstbesetzt war.

Als Anneliese und Josef zu mir kamen, berichteten sie, dass sie inzwischen seit fünf Jahren nicht mehr miteinander geschlafen hätten und auch sonst keine Zärtlichkeiten zwischen ihnen stattfänden. Nicht, weil sie sich beide danach nicht sehnen würden, sondern einzig deshalb, um körperliche Nähe und dadurch den aufkommenden Gusto auf Sex zu vermeiden.

Anneliese lernte durch die partnerschaftlichen Streichelübungen, sich beim Sex wieder zu entspannen, ohne ständig Angst vor dem Schmerz zu haben. Kaum waren wir jedoch gegen Ende der Übungen bei der „Erlaubnis" zum freien Sex angekommen, hatte Anneliese wieder Schmerzen.

Ich bat beide, einmal freien Sex zu haben und ein andermal die Streichelübung mit den erkundenden Bewegungen des eingeführten Penis durchzuführen. Sie sollten dabei beide beobachten, wo für sie der Unterschied läge.

Anneliese berichtete mir in der darauffolgenden Sitzung: „Ich glaube, bei mir spielt sich alles nur im Kopf ab. Sobald ich weiß, *heute ist freier Sex dran,* rechne ich schon mit Schmerzen und kann mich nicht entspannen. Machen wir aber die sechste Streichelübung, denke ich mir ab einem gewissen Grad der Erregung: *Jetzt freu ich mich schon, Josef ein bisschen in mir aufzunehmen und ihn in mir zu spüren.* Dann führe ich seinen Penis ein, fasse Josef am Becken und führe so seine Bewegungen, wie es mir besonders gut tut. Nach ein paar Sekunden hören wir damit wieder auf und setzen unsere Streicheleien fort, und bald darauf wiederholen wir das ganze wieder. Ich weiß nicht, warum ich beim normalen Sex so zumache, obwohl ich ja vom Kopf her weiß, dass es nichts anderes ist – nur halt einfach ohne diese Unterbrechungen für Zärtlichkeiten."

Ich schaute Anneliese an: „Könnten Sie sich vorstellen, anstatt normalen Sex anzustreben und sich mit der Angst vor den Schmerzen zu belasten, nur noch die sechste Streichelübung durchzuführen?"

Anneliese stupste Josef seitlich an und meinte: „Ah ja, wäre das nicht auch eine Möglichkeit? Oder wäre dir das zu wenig?"

Josef lächelte Anneliese an und erwiderte: „Was soll mir daran zu wenig sein? Wir haben zur Zeit den besten Sex unseres Lebens!"

IV

TIPPS ZUM AUFMÖBELN DER SEXUALITÄT

Wie ich in meinen Erzählungen dargelegt habe, stelle ich in meinem Arbeitsalltag häufig fest, dass sexuelle Langeweile und sogar Enttäuschung ein weitverbreitetes Phänomen sind. Ich bin überzeugt, dass viele Paare lernen könnten, ihre Freude am Sex und die Befriedigung zu steigern, ohne Fachhilfe zu beanspruchen. Voraussetzung dafür ist, dass die Betroffenen erkennen müssen, dass Sexualität nicht etwas ist, was einem oder einer in den Schoß fällt.

In den ersten Monaten und Jahren des Verliebtseins ist guter Sex leicht, da glühen schon die Ohren, wenn man den anderen bloß nackt sieht. Der Aug-asmus folgt von alleine. Doch im Lauf der Zeit muss man sich jeden Tag aufs Neue bewusst machen, dass in Sexualität Zeit und Anstrengung investiert sein will.

Wir dürfen Sexualität nicht gesondert von unserem Alltag betrachten, sondern müssen sie auch gedanklich integrieren. Ich kann von meinem Körper nicht erwarten, dass er vor Leidenschaft bebt, wenn ich gerade meinen Arbeitsplatz verloren habe und mit Existenzängsten kämpfe. Wenn ich nach sechzehn Stunden Arbeit, Haushalt und Kindererziehung nicht mehr die Kräfte habe, abends im Bett die Liebesdiva oder den Casanova zu spielen, darf ich mich genauso wenig wundern. Unser Alltag lässt kaum mehr Platz für Sexualität. Zeit für Gemeinsamkeit steht höchstens als Lückenfüller in unseren Terminkalendern, während allen anderen Terminen, fett und unterstrichen, Priorität eingeräumt wird. Egal ob Fußpflege oder Weihnachtsfeier – alles ist wichtiger als Zeit für die Partnerschaft.

Natürlich gibt es auch sexuelle Funktionsstörungen, die nicht ein Problemkind des Alltags sind, und dass zur Lösung dieser Störungen medizinischer oder psychologischer Rat herangezogen werden sollte, ist selbstredend.

Oft steckt hinter einer massiven Funktionsstörung jedoch ein Problem, das sich über die sexuelle Schiene äußert und somit kaschiert wird. Das sexuelle Problem quasi als Ausdruck, ja manchmal sogar als Lösung eines anderen Problems. Wie das gemeint ist? Natürlich ist das sexuelle Problem an sich ein Problem. Es lässt mich an mir zweifeln und unglücklich werden, aber es schützt mich vielleicht auch vor etwas viel Schlimmeren. Manchmal bietet es unbewusst die Möglichkeit, negative Gefühle auszudrücken, die nicht direkter mitgeteilt werden können.

Zum Beispiel wird manchmal eine versteckte und unbewusste Feindseligkeit dadurch ausgedrückt, dass man früher ejakuliert, als es die Partnerin möchte; oder dass sie nie dann, wenn er will, Lust zum Sex hat. In schlimmeren Fällen können hinter sexuellen Funktionsstörungen auch schwere Traumatisierungen aus der Vergangenheit stecken, die auf jeden Fall mit professioneller Hilfe aufgearbeitet werden sollten.

Doch die meisten sexuellen Probleme beruhen auf Leistungsangst, Schuldgefühlen (oft auch religiöser oder kultureller Natur), individueller Gehemmtheit, erotischer Langeweile oder, last but not least, auf blindem Glauben an Sexmythen. Hier kann jeder Mensch selbst bewusst gegensteuern, oft auch ohne Hilfe einer Therapeutin oder eines Therapeuten. Sex mit ein und demselben Menschen über viele Jahre hinweg muss nicht das schicksalhafte Ticket in die erotische Langeweile sein. Schließlich geht es einfach darum, frischen Wind in die sexuelle Flaute zu bringen. Hier folgen sieben Tipps zum Aufmöbeln Ihrer Sexualität:

Tipp 1: Guter Sex beginnt, wenn Sie die Kleider noch anhaben.

Das soll weder ein Plädoyer für Joe Cockers Song *Leave your hat on* noch für einen Striptease im eigenen Schlafgemach sein, obwohl dieser natürlich sehr reizvoll sein kann. Dieser Ausspruch stammt übrigens von William Masters und Virginia Johnson, die damit verdeutlichen wollten, dass das Feuer der Erotik vor der Schlafzimmertür entzündet wird.

Wie gesagt: Es geht hier nicht um die Kleidung, die Sie am Körper tragen. Gemeint ist der alltägliche Umgang miteinander, die wechselseitige Wertschätzung der Beziehung, die nichtsexuelle Zärtlichkeit, die Sprache usw. Natürlich kann ein romantisches Abendessen bei Kerzenschein eine wunderbare Einstimmung sein, es sollte aber nicht zum Sprungbrett ins Bett degradiert werden. Die Fähigkeit, Zärtlichkeit und Verbundenheit ausdrücken zu können, ob verbal oder symbolisch durch ein atmosphärisches Abendessen, ohne damit eine Aufforderung zum Sex zu verbinden, sollten jeder Partner und jede Partnerin beherrschen.

Tipp 2: Reden – Reden – Reden!

Auch auf die Gefahr hin, dass Sie jetzt „Nicht schon wieder!" denken. Ich möchte Sie ein letztes Mal auf die Bedeutung von Gesprächen über Sexualität hinweisen. Auch bei Paaren, deren wohlgemeinte Zärtlichkeiten nicht zum Ziel führen, weil diese entweder zu viel oder zu wenig sind, zu früh oder zu spät erfolgen, zu beiläufig oder zu verbissen ausgeführt werden. Die richtigen Worten zur rechten Zeit, und das Problem hat sich im Nu in Luft aufgelöst. Nebstbei erwähnt: Der denkbar schlechteste Moment für Kritik ist in der Regel unmittelbar nach dem sexuellen Gerangel. Allgemein gilt: Sprechen Sie mit Ihrem Partner oder Ihrer Partnerin über Ihr Sexualleben!

Tipp 3: Erkennen Sie Ihr sexuelles Wesen und versöhnen Sie sich mit sich selbst.

Ich möchte betonen, wie wichtig es ist, das eigene sexuelle Profil zu kennen: Was sind meine Wünsche, Phantasien, Vorstellungen und was habe ich bisher beim Sex erlebt? Was davon möchte ich vermeiden, was möchte ich *leben*? Viele wissen genau, was sie *vor* dem Sex wollen, trauen sich aber nicht wahrzunehmen oder gar auszusprechen, was sie *beim* Sex wollen.

Viele Menschen gehen auch streng mit ihrem Körper zu Gericht, betrachten sich mit skeptischen Augen im Spiegel und gelangen zu dem beinharten Urteil, den Körper vor der oder dem anderen verstecken zu wollen. Lassen Sie sich nicht den Spaß am Sex verderben, indem Sie Ihren vermeintlich zu dicken Bauch verstecken, Ihre Cellulite-

Dellen verhüllen oder sich der Tortur des Harzens der Rückenhaare hingeben. Und nicht zuletzt: Quälen Sie nicht Ihre Brust oder Ihren Penis mit durchblutungsfördernden und straffenden Cremen, die außer den Produzenten niemandem nützen. Die weitaus effizientere – und billigere – Methode ist es, sich mit seinen Widerwillen erregenden Körperteilen anzufreunden und auszusöhnen – egal, wie diese aussehen, sie können Ihnen viel Freude bereiten.

Tipp 4: Nehmen Sie sich Zeit.

Wie wichtig gemeinsam verbrachte Zeit ist, kann nicht oft genug betont werden. Tragen Sie in Ihren Terminkalender fix Zeit für Zweisamkeit ein und beachten Sie, dass diese genauso unverschiebbar ist wie andere Termine. Egal ob Sie gemeinsam essen, ins Kino oder in die Sauna gehen; ob Sie die Zeit für Sex nutzen wollen oder nicht, Sie werden sehen, wie wertvoll Ihnen diese „Fixtermine" mit der Zeit sein werden. Nur eines ist wichtig zu beachten: Versuchen Sie nicht, Sex zu erzwingen, wenn Sie nicht in Stimmung sind. Das könnte in Frustration enden, die nicht nur die sexuellen Gefühle in eine Abwärtsspirale stürzt, sondern auch die Lust an Ihrer gemeinsamen Zeit gefährdet.

Tipp 5: Vermeiden Sie Routine und lassen Sie Ihre Phantasie spielen.

Das bedeutet nicht, dass Sie sich Druck machen und nach immer neuen Spielarten suchen sollen, vor allem dann nicht, wenn Sie keine Lust nach bahnbrechenden Neuerungen haben. Schon kleine Variationen bringen Abwechslung in die gemeinsame Sexualität und vermeiden Langeweile.

Ich habe Paare kennen gelernt, die begonnen haben, Sex an verschiedenen Orten und zu verschiedenen Tages- und Nachtzeiten zu praktizieren. Andere wiederum haben festgesetzt, wer in welchem Monat dafür zuständig ist, die Initiative zu ergreifen und dem oder der anderen auf über- raschende Weise zu vermitteln, dass er oder sie gerne Sex hätte. Wieder andere erzählten mir, dass sie mit „sexuellem Smalltalk" ihre Phantasien einbringen, ohne befürchten zu müssen, die oder den anderen vor den Kopf zu stoßen oder selbst ins schiefe Licht zu geraten. Wichtig ist, den Small- talk mit den Worten zu beginnen: „Du, ich hab gehört …" Sollten Sie nämlich sagen: „Weißt eh, der Nachbar bringt in Strapse gekleidet das Frühstück ans Bett …", dürfen Sie sich nicht wundern, wenn Ihr Mann eindringlich fragt, woher Sie das wissen.

Tipp 6: Machen Sie das Bett zur kampffreien Zone.

Bestimmt kennen auch Sie eine solche Situation: Sie haben einen stressigen Tag in der Arbeit hinter sich und Sie freuen sich auf den gemeinsamen kuscheligen Fernsehabend zu zweit. Plötzlich läutet es: Vor der Tür steht die Freundin Ihrer Partnerin. Nachdem die ihr Herz ausgeschüttet und gleichzeitig Speiseplan und Einkaufsliste der kommenden Monate mit Ihrer Partnerin besprochen hat, ist die Luft endlich rein, aber der Fernsehabend gelaufen. Die Stim- mung ist gereizt, im Bett ergibt ein Wort das andere, der Streit ist perfekt. Der Abend endet in der beliebten Du- a-Stellung – Rücken an Rücken mit viel Luft dazwischen.

Ich kann Ihnen nur den Rat geben: Wenn Sie einen Kampf austragen und sich Gemeinheiten um die Ohren hauen möchten, dann machen Sie sich bitte die Mühe und stehen Sie auf. Verlassen Sie das Bett, suchen Sie einen Ort in Ihren Gemächern auf, den Sie zur Kampfzone erklärt haben, aber verseuchen Sie nicht das Bett mit Giftigkeiten. Haben Sie eine Einigung oder wenigstens einen Waffenstillstand erzielt, kann die Versöhnung ruhig wieder im Bett stattfinden.

Ich kann mich gut an ein Paar erinnern, das den Heizraum zur Kampfzone erklärte. Wenn einer von beiden sagte: „Komm mit mir in den Heizraum!", wusste der andere, dass eine Diskussion ins Haus stand. Mit der Zeit hatten sie einen Tisch und zwei Stühle im Heizraum aufgestellt, kleine Naschereien und Getränke standen immer griffbereit; das erste Zeichen einer Einigung war, wenn der eine der anderen ein Stück Schokolade oder Keks anbot.

Tipp 7: Seien Sie realistisch.

Bewahren Sie sich Romantik in Ihrem Leben und Spaß beim Sex!

Natürlich ist es nicht leicht, nach vielen Jahren im Beziehungsalltag seinen Partner oder seine Partnerin mit Aufmerksamkeit zu überschütten wie im anfänglichen Balzstadium. Viel zu häufig wird es als selbstverständlich angesehen, dass die Frau oder der Mann an unserer Seite auch wirklich da ist. Auch wenn wir einander respektvoll behandeln, geht oft die Wertschätzung für das verloren, was für uns getan wird, und entsprechend bringen wir diese auch nicht zum Ausdruck. Dabei wäre es so einfach, das Feuer der Liebe wieder auflodern zu lassen: Oft reichen schon ein paar romantische Gesten, Kreativität und die gute, altmodische Rücksichtnahme aus.

Doch die meisten Paare haben schon nach wenigen Beziehungsjahren Freude und Spaß aus ihrer Sexualität verdrängt. Die Leistungsgesellschaft ist längst in den Schlafzimmern angekommen, damit verbunden sind Schuldgefühle, die wir scheinbar automatisch entwickeln, wenn wir an etwas Freude haben. Darf das denn sein, dass wir etwas aus bloßem Spaß an der Freude machen?!

Ein altbewährtes Mittel, wieder Spaß und Romantik in die Beziehung und somit in die Sexualität zu bringen, ist, sich an die anziehenden Eigenschaften zu erinnern, die der Partner oder die Partnerin früher hatte. Jenes Lachen, jener Augenaufschlag, jene kleinen Gesten, an denen ich mich nicht sattsehen konnte, als wir uns kennen lernten, die einen regelrechten Aug-asmus in mir auslösten. Was war es, das mich so an ihm faszinierte, als ich ihn das erste Mal sah? Welche Kleinigkeiten brachten ihre Augen zum Leuchten? Welche Kleidung trug ich an jenen Abenden, an denen er mich besonders sexy fand? Welche Situationen entlockten ihr dieses unwiderstehliche Lächeln? Oft gehen im Alltag diese kleinen glückserfüllenden Bedeutungen der Gesten unter und werden nicht wahrgenommen. Dabei ist es so leicht, sich neu in den Partner oder die Partnerin zu verlieben, wenn man ihn oder sie wieder mit den Augen von früher sieht.

Schauen Sie sich gemeinsam Fotos von schönen Urlauben oder bedeutenden Ereignissen wie Ihrer Hochzeit an, lachen Sie gemeinsam über die Hoppalas aus der Zeit des Kennenlernens, als es Ihnen doppelt und dreifach schlimm erschien, Schwächen voreinander zu entblößen. Stellen Sie Situationen nach, die besonders bedeutend und unvergesslich für Sie waren. Was hindert Sie daran, die erste Begegnung nachzustellen?

Sie sehen, es gibt viele Möglichkeiten, etwas gegen sexuelle Langeweile zu tun. Sollten Sexprobleme auftauchen, seien Sie sich gewiss, dass Sie nicht anders sind als andere Menschen. Es gibt niemanden, der oder die stets in der blühenden Zeit des sexuellen Frühlings weilt. Die meisten Paare machen Phasen einer „sexuellen Funktionsuntauglichkeit" mit, sozusagen das „herbstliche Donnerwetter". Wenn wir uns in diesen Situationen vor Augen halten, dass wir Menschen und keine Maschinen sind, werden wir die Höhen und Tiefen unserer Sexualität gelassener nehmen.

Sollten Probleme aber über einen längeren Zeitraum andauern, etwa ein paar Monate, warten Sie nicht, dass diese von selbst verschwinden. Suchen Sie Hilfe. Sie werden sehen: Es gibt eine Lösung!

Mit einem Zitat von Masters und Johnson aus ihrem Buch *Spaß an der Ehe* möchte ich enden: „Wenn Sie von jeder Sexualbegegnung höchste Wonnen erwarten, dann haben Sie das Scheitern bereits mit eingeplant. Wenn Sie dagegen hinnehmen können, dass Sex nicht immer die umwerfende, leidenschaftliche Verschmelzung zweier Seelen ist, wie Hollywood uns das so gerne einreden möchte, sondern manchmal etwas Unbeholfenes, Unbefriedigendes sein kann, dann haben Sie sich freigemacht von den Fesseln unrealistischer Wertvorstellungen. Es ist nun einmal im Leben nicht so, dass jeder Orgasmus ein Sinnen beraubendes Ereignis sein muss – manchmal ist es halt nur ein ganz gewöhnliches, kleines Nervenkitzeln."

Dem bleibt von meiner Seite nur hinzuzufügen: Das Einzigartige am Sex ist, dass er ernst genug ist, um darüber zu lachen!

V.

KLEINES WÖRTERBUCH: WALDVIERTLERISCH – HOCHDEUTSCH

auszuzeln – aussaugen

Betonstampfer – kräftige Beine

Du-a-Stellung – *„Du auch"*, frustrierte Antwort auf das „Schlaf gut" vom Partner oder von der Partnerin. Zumeist in abwehrender Rücken-an-Rücken-Stellung geäußert

Frühschoppen – sonntägliches Treffen im Gasthaus, zumeist mit volkstümlicher Musik, oft mit Kartenspiel und viel Alkohol verbunden

Gänseblümchensex – der „brave" Sex mit Mann oben, Frau unten

Gehgutigut – Sexualorgan, in Anlehnung an bekannte Waldviertler Kinderschuhe

Germteig – Hefeteig

grantig – missgestimmt

gschamig – verschämt

Haxen – Beine

Hosentürl – durch Reisverschluss verschließbare vordere Hosenöffnung

I steh auf di – *Ich stehe auf dich*, jemanden mögen; in jemanden verliebt sein. Im Text der Sängerin Stefanie

Werger lautet die Formulierung: „I steh auf mi" – *ich mag mich gern*
letschat – weich, schlaff
maunzen – dem Miauen der Katze nachempfunden: sich weinerlich beklagen
nörgeln – herummosern
schiach – hässlich
Schwiegertiger – Schwiegereltern
Striezel – Stollen aus Hefeteig
umadumhowan – unruhig sitzen; an einer Stelle umherwetzen
Warmer – abwertend für Homosexueller
Wickel – mit jemandem Streit haben
Xandl – Abkürzung von Alexandra

DANKSAGUNG

Mir ist es stets ein Gräuel, mich in elendslangen Vorworten durch die bedankten Namen kämpfen zu müssen. Um Ihnen das zu ersparen, habe ich die Danksagung ans Ende des Buches gestellt.

Meinem Partner verdanke ich, dass er mich darin bestärkt, in der Öffentlichkeit unverblümt über Sexualität zu sprechen. Mir ist bewusst und ich bewundere ihn dafür, dass er mein Motor, aber auch meine Erholungsoase ist. Es macht mich stolz und glücklich, dass wir die Reise in eine abwechslungsreiche Sexualität über Stock und Stein, Wiesen und Steige, durch Lüfte und auf Raststätten gemeinsam machen und dass es unser gemeinsames Ziel ist, Stillstand zu vermeiden.

Außerdem möchte ich meine große Bewunderung und Liebe für meine Eltern erwähnen, die mich ja an den Start gestellt und mir dadurch erst die Möglichkeit eröffnet haben, eine Reise ins Ungewisse zu beginnen. Trotz meiner Direktheit wurde mir noch nie mit Enterbung gedroht, im Gegenteil, eine stolze Ermunterung zu neuen Zielen ist stets in meinem Handgepäck.

Und all jenen zahlreichen lieben Menschen, die meine WeggefährtInnen sind, die mich ermutigt haben und die geholfen haben, dieses Buch entstehen zu lassen, sei hier noch einmal für ihre positiven Gedanken und den Glauben an mich gedankt; und ich weiß, dass sich die Richtigen angesprochen fühlen werden, auch wenn sie namentlich nicht erwähnt sind.

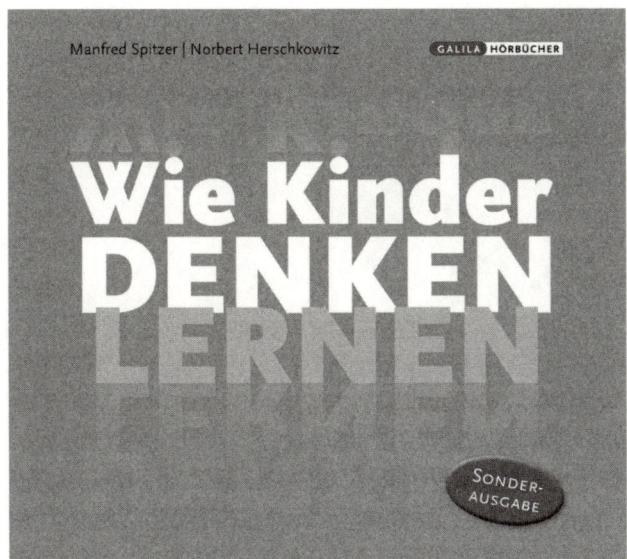

Manfred Spitzer/Norbert Herschkowitz
Wie Kinder denken lernen
4 CDs mit Begleitheft, ca. 300 min.
€ 29,90
ISBN 978-3-902533-264

MANFRED SPITZER
NORBERT HERSCHKOWITZ

Wie entwickelt sich ein Kind in den ersten zwölf Lebensjahren? Wie lernt ein Kleinkind die Muttersprache, und was spielt sich dabei im Gehirn ab? Worin unterscheidet sich ein 10-Jähriger geistig von einem 6-Jährigen? Die beiden Psychiater Manfred Spitzer und Norbert Herschkowitz behandeln in diesen vier leicht verständlichen Hörbüchern auch zahlreiche praktische Fragen: Wie können Eltern ihr Kind fördern? Was hat ein Kind vom Kindergarten? Wie lernt es am besten in der Schule?

www.galila.at

RAINER BÖSEL

WARUM
ICH
WEISS,
WAS
DU
DENKST

GALILA

Rainer Bösel
Warum ich weiß, was du denkst
264 Seiten, gebunden
€ 21,90
ISBN: 978-3-902533-4-25

WARUM ICH WEISS, WAS DU DENKST

Wir kommunizieren mit anderen Menschen mittels Sprache, Mimik und Gestik. Wir versuchen immerzu, uns in unser Gegenüber einzufühlen. Wir wollen wissen, was unsere Freunde, Feinde, Kollegen, Familienmitglieder antreibt. So versuchen wir immerzu, die Gedanken anderer zu lesen.

Der Psychologe Rainer Bösel beschäftigt sich seit Jahrzehnten mit dem Gedankenlesen. Seine Erkenntnisse fasst er in diesem unterhaltsamen Sachbuch erstmals für ein breites Publikum zusammen.

www.galila.at